# RA'AL KI VICTORIEUX

# RADIO

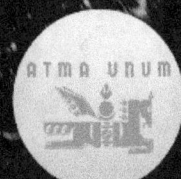

# *Bienvenido*

Para mayor información de Atma Unum,
fraternidad de conciencia creativa por el bien común,
lo invitamos a visitar nuestra página web:
atmaunum.com

¡Gracias!

youtube.com/atmaunum
instagram.com/atmaunum
facebook.com/unumatma
twitter.com/AtmaUnum
atmaunum.bandcamp.com

Ra'al Ki Victorieux
amazon.com/author/raalkivictorieux
linkedin.com/raalkivictorieux
soundcloud.com/raalki

# Ra'al Ki Victorieux

# RADIO

............................................................

## REFLEXIONES DE AMOR Y TRASCENDENCIA

ATMA UNUM
COLECCIÓN LÓNG WÁNG

# DEDICACIONES

A Dios Padre y Madre.
A la Virgen María y San José, Yeshúa bar Maryam y María Magdalena,
Parabrahman y Saraswati, Vajrasattva y Kuan-Yin.
A todos los Maestros Espirituales, y Bodhisattvas.
A todos los Arcángeles, Ángeles y Angelinas.
A Saint Germain, a Master Choa Kok Sui.
Al Alma Superior.
A la humanidad de buena voluntad, a los dragones del sendero trascendente, a
los que cultivan la conciencia de la unidad.
A todos los seres sintientes en todo tiempo, dirección y dimensión.
Al Anima Mundi, a la Madre Tierra, al Cosmos y la Armonía Universal.

# AGRADECIMIENTOS

A Dios Padre y Madre, por las constantes bendiciones.
A la Virgen María y San José, Yeshúa bar Maryam y María Magdalena, Parabrahman y Saraswati, Vajrasattva y Kuan-Yin, por la Creación, el Amor, y la Luz.
A todos los Maestros Espirituales, y Bodhisattvas, por eones y muchas vidas de sabiduría y bendiciones.
A todos los Arcángeles, Ángeles y Angelinas, por su guía y protección.
A Saint Germain, a Master Choa Kok Sui por su enseñanza.
Al Alma Superior, por la conciencia de lo esencial.
A los ancestros por su legado. A mi madre Martha Aggeler, por sus generosidad.
A los amigos por muchas vidas de alegría compartida. A los que han colaborado en la realización de este proyecto, por su arte, empatía y confianza.
A la humanidad de buena voluntad, a los dragons del sendero espiritual, a todos los que cultivan la conciencia de la unidad, a los futuros lectores, por compartir el conocimiento.
A todos los seres sintientes, en todo tiempo, dirección y dimensión, por el amoroso servicio a la vida.
Al Anima Mundi, a la Madre Tierra, por nutrirnos cada día.
Al Cosmos y la Armonía universal, por la inspiración y la música.
Gracias, bendiciones de amor, gracia, transmutación, redención y trascendencia.

# PRÓLOGO I

RADIO es un libro del proceso espiritual que ha recorrido la autora, se puede decir que es un balance existencial. Libro construido con un lenguaje místico. Va orientando al lector en un equilibrio. Nos dice Ki que este proceso es un *"aprender el lenguaje de mi sombra"* y que como dice: Carl Jung, *"cualquier árbol que quiera tocar el cielo necesita tener raíces tan profundas hasta el punto de tocar el infierno"*.

Nos dice la autora que hoy nos comunicamos por medio de *memes*, en una especie de mantras, y ella lanza los suyos: *"mi infancia vive en un fragmento de memoria"*, *"todos somos uno y el entero es un espejo"*, y *"el lenguaje que más amo, es el del amor"*.

Deja por sentado que es mejor dar, comprender, trascender, la realización, aprender en el cambio. Retoma a Shalom H. Schwartz, su propuesta de Valores Universales: aperturar el cambio (autodirección, estimulación), Desarrollo personal (hedonismo, logro, poder), Conservación (seguridad, conformidad, tradición), Auto-trascendencia (benevolencia, universalidad y espiritualidad). Invita a participar del cambio personal y social. Nos dice *"todos podemos ser parte del cambio"*. Al respecto solía decir Lenin: *"si no eres parte del problema, eres parte de la solución"*.

Estamos ante un comprendió de mejoras del ser, de oportunidades para cambiar el sino de la violencia por una sociedad que reconozca sus conflictos, sus contradicciones por la vía de ensayar futuros. José Antonio Marina nos dice que para educar al niño se necesita de toda la tribu, de la familia, del vecino, de la calle, de la escuela, de toda la comunidad. El proyecto mínimo de sujeto y la educación es alcanzar a ser libre y digno. Conspiremos, esa palabra etimológicamente quiere decir, *"respiremos juntos"*. Acordemos, acordémonos, convoquemos, consigamos lo imposible, atrevámonos a soñar, despiertos. Los años de aprendizaje no terminan con la escuela, dura toda la vida. Estamos en un momento *epistémico*, para aprender a ser, hacer, estar, convivir, para cambiar.

Radio no es un libro de autoayuda. Es un libro con contenido filosófico, místico, metafísico. Amoroso, fundamenta todo en la voluntad. Hoy, en tiempo que la voluntad esta extraviada, perdida. Nos dice y pregunta Ki *"el amor libera"*.

Pero déjenme abundar un poco en José Antonio Marina, para reforzar a Ki, el *bucle prodigioso*, donde lo que hacemos nos hace. Todos tenemos un doble *genoma*: el biológico y el cultural. Para iniciar un proceso de transformación, hace falta tres elementos: creer que es necesario, querer hacerlo y saber hacerlo. En este sentido Ki invita a seguir su ruta, a ella le ha servido y por ello nos invita al cambio. Cambiar es difícil. Personas y organizaciones generamos sistemas de inercia, mecanismos de autodefensa. Por ello, cambiar los hábitos, aunque sea para bien, exige una fuerte motivación ya que suele suponer abandonar la zona de confort. Vivimos en una sociedad líquida, de consumo, de la velocidad, de lo caduco. Del cansancio y la frustración.

No conocemos las soluciones. Como dijo Antoine de Saint-Exupéry: *"No podemos dar soluciones, pero podemos despertar las fuerzas que las encuentren"*, en efecto necesitamos aprender a vivir, aprender a convivir, aprender a soñar, aprender a ser justos, aprender a ser compasivos, aprender a aprender. Como sujetos de conflicto necesitamos aprender a vivir en la incertidumbre, en el cambio. Y en este sentido concluye Ki: *"Todos experimentamos traspiés en el aprendizaje"*, por tanto, debemos levantarnos, debemos ayudar a los que aun no han aprendido a levantarse. Debemos desarrollar comunidades inteligentes con capacidad de gestionar sus propias ideas, sentimientos, decisiones, acciones.

Aprender a aprender para aprender de otra manera. A desarrollar las habilidades *socioemocionales*. A tener una pasión para desarrollar el talento, el talento operacional. Invito ampliamente a leer el libro de Ra'al Ki Victorieux, para iniciar el vuelo.

**Sergio García**

# PRÓLOGO II

La capacidad de síntesis es sin duda una de las habilidades a cultivar de nuestro tiempo y en la que el sector comunicativo de hoy en día ha hecho hincapié pues se ve sometido ante la avasallante velocidad de la información, en el caso de la literatura no es la excepción. En estos tiempos donde el *microblogging* dicta nuevos cánones, resulta común encontrarse a diario con *axiomas*, verdades a medias, discursos que van desde lo edificante a lo terrible, así como lugares comunes en los que los *gags* se abren brecha a la par de la tragedia y que se adaptan muchas veces a las necesidades de su espectador, llenando los vacíos de un público ávido de respuestas, pero carente de intenciones, mostrándonos así el rostro tan diverso de la sociedad en que vivimos.

Es en este contexto que el encontrar un libro como RADIO de Atma Unum resulta toda una experiencia, puesto que a simple vista pudiera parecer un compendio de *citas citables* a las que estamos acostumbrados, resulta imprescindible no solo hacer una lectura, si no varias, para ir descubriendo en ellas la profundidad que encierran, puesto que aguardan tan simples, tan tranquilas pero se desbordan lentamente en la experiencia de la autora, se transforman y mutan para convertirse en poemas, aforismos, verdades como ríos que se desplazan a través de lo que ella llama un campo de palabras, en la que el lenguaje se nos muestra en su más pura plasticidad.

Más allá de lo que pudiera parecer un texto experimental, Atma Unum nos entrega con este libro un compendio visionario de lo que puede llegar a ser una herramienta educativa en la que hoy es el campo de la literatura electrónica, aunada a la experiencia y los conocimientos populares, proverbiales y especializados, resumidos por muy pocos que como la autora saben entender su tiempo, cuidarlo y transformarlo para devolvérnoslo en arte.

**Javier Huerta**

# INTRODUCCIÓN

Radio es una transmisión de reflexiones de amor y fe. Es un libro para leer una ocasión y otra también. Puede ser una semilla si estamos dispuestos a recibirla. Esperamos sea incentivo para la unidad y trascendencia.

*"Por ejemplo, es un hecho indiscutible que todos estamos hechos de la precisa misma sustancia que las formas vivas más inteligentes, creativas, magníficas en el universo entero."*
Bradley Trevor Greive

La cualidad estética principal tiene que ver con lo sublime, sin embargo también se nutre de lo cotidiano. Es una puesta en escena de una paradoja, porque las verdades espirituales antiguamente se revelaban solamente a un grupo de iniciados, por lo cual es paradójico que se puedan presentar de una forma masiva o democrática a través de *memes*, citas, pequeños *beats* de información en redes que pueden accederse desde cualquier parte del mundo. Esto parece ser un puente o una transformación de los medios, de la forma de divulgar reflexiones que existen desde siempre, porque la humanidad se ha preguntado ¿qué es lo que te hace feliz y sentir orgulloso? A partir de esta pregunta se erigen lo que son los valores, lo sublime, las escuelas espirituales, o las guías para recorrer un camino que nos permita tanto satisfacción personal como trascendencia espiritual. Pero estos conocimientos y esta cercanía a un maestro, a alguien que hubiera recorrido el camino, no eran de fácil acceso, había que viajar por millas, kilómetros, o países, lograr ganar la venia del maestro o gurú, y hasta después de un tiempo de hacer sacrificios o servicios, entonces la verdad nos era revelada. Esta importante verdad no se obtiene generalmente por generación espontánea, sino que uno tiene que buscarla a través de conversaciones con personas que han dedicado su vida a ello, o extraerla a cuentagotas de la reflexión en las experiencias personales.

Qué feliz sería siempre saber hacia dónde dirigirnos, cómo abrir los caminos o, ¿cuál es la decisión que nos va a brindar la mejor satisfacción? Sin embargo solemos estar un poco aquí, un poco allá, un poco seguros, un poco indecisos, un poco orgullosos, un poco culpables, entre el orgullo, el resentimiento, la nostalgia de lo no hecho. Al final del día no nos va a quedar otra que hacer *Tabula rasa* y ser felices con lo que hayamos ganado o perdido, porque *"Ars longa, vita brevis"*, nuestro tiempo aquí comparado con la vida de las estrellas es sólo un instante. En ese instante -que es mucho más grande que la vida de las mariposas- buscamos encontrar un sentido, entonces acudimos a estas guías, brújulas o faros, que curiosamente la autora nos presenta en forma de *memes* que recuerdan -no precisamente al *haiku* asombrado por la naturaleza-, sino a la síntesis poética, y sobre todo a la Ley. Hay en Radio una transmisión de la Ley. Hay una atracción al Orden, no a un orden impuesto, sino uno al que uno decide rendirse, porque es la voluntad que uno elige seguir. Es la Voluntad superior de la *Ley del Amor, del Karma, del Sacrificio,* aquella a la que uno decide rendirse para conversar entonces sí con las revelaciones de la naturaleza, con ese niño interior y con la adolescencia espiritual; para dejar de naufragar en abismos, y encontrar por fin los puentes que hagan de cada isla un archipiélago.

Dichos y frases populares han sido patrimonio de la humanidad por miles de años. Los estudiosos de latín aprenden aforismos milenarios, como por ejemplo *"Ubi concordia, ibi victoria":* Donde hay unidad, hay victoria. Estas oraciones sintetizan una enseñanza en pocas palabras; son triunfos de retórica. Hoy por hoy las citas se han vuelto *trending topic,* las encontramos en redes sociales, ya sea en texto, acompañadas de una imagen del autor, sobre un paisaje, o en un *meme.* Las personas buscan aprender de un tema, salir adelante, o encontrar motivación a través de citas. Muchas personas no tienen tiempo o concentración prolongada para leer un libro de cientos de páginas. Entonces las citas parecen ser la respuesta telegráfica para la búsqueda de inspiración, información, para desear buenos días y buenas noches, y compartir con nuestros amigos de las redes sociales. Se han vuelto parte del lenguaje; mantras que resuenan en las pantallas del celular, iPad y computadora, y por supuesto, en la mente de los individuos. Así como el *haiku* es un género breve de la poesía, las citas se han ganado un espacio en la popularidad de las letras. Cada uno de nosotros podemos hacer nuestros álbumes de citas preferidas, aquellas que recibimos del universo en momentos de inspiración y paz, y también las de los autores que nos gustan.

El lenguaje es poderoso, y los individuos compartimos un apetito por la sabiduría y la motivación en palabras sencillas. Incluso; si los dichos están en rima, nos parecen más plenos de verdad. La forma en que nos expresamos, afecta el juicio de aquello que decimos. De las muchas formas en que podemos decir algo, existe una manera más convincente. Recursos básicos como el ritmo, la metáfora, la rima, apoyan la transmisión y memorización de las ideas. Queremos creer que podemos ser sabios, amorosos, prósperos, y cuando algunas citas nos lo confirman, deseamos que sea verdad. En ese afán conservamos y compartimos el estímulo, esas frases que como un faro nos dan esperanza y luz.

Si la palabra ha creado el mundo y la cultura, las frases espirituales tienen el poder de brindarnos energía positiva; para revelar el sendero, el crecimiento, la sabiduría, para despertar. Victorieux nos habla del alma, del amor, de los momentos de trascendencia que encontramos en la vida cotidiana.

# I. RAÍCES DE CEIBA

*Árbol de la Vida*

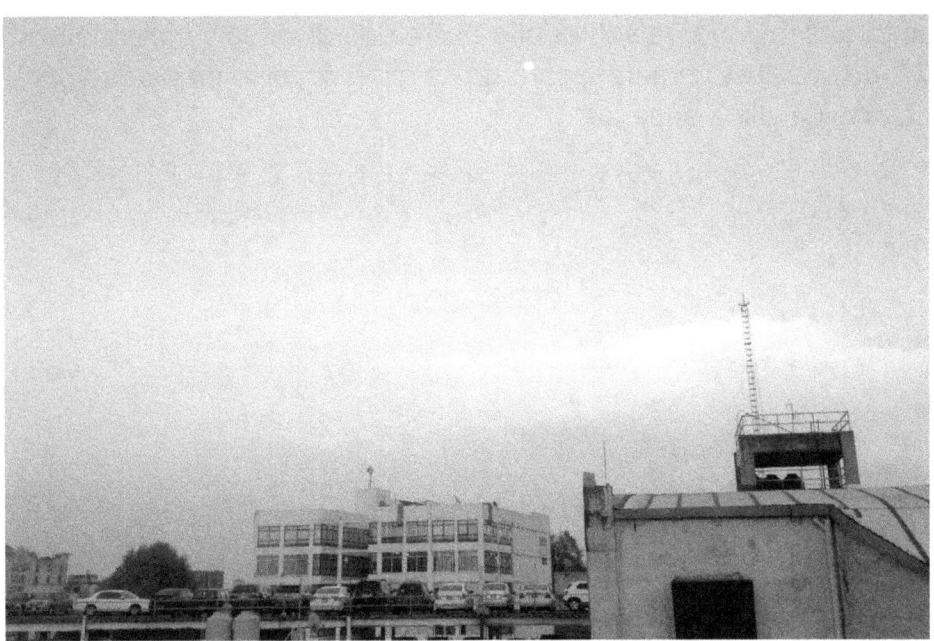

*Ciudad de México. 2016.*

*Y he tratado de aprender el lenguaje de mi sombra, de retomar la sabiduría de mi ser animal, embriagado de vacío, de hartazgo y de fe. Son mis abismos los que construyen mis raíces de ceiba. Es el laberinto de los nombres, la renuncia, lo que le da espacio a mi alma para revelarse.*

La ceiba es un árbol sagrado para los antiguos mexicanos. Los mayas consideraban que las raíces son un medio de comunicación al inframundo, y las ramas sostienen los cielos. La idea de que un árbol puede representar la relación entre lo humano, lo divino o lo *infrahumano*, es compartida por diversas culturas. En la Cábala, la concepción de Dios se sintetiza en el *Árbol de la Vida*, que puede representar los *sefirot* o centros de energía del ser humano, o de un sistema mayor, ya sea de un espacio territorial o cósmico. *El Árbol Invertido de la Vida* nos recuerda que para los hombres de fe, la raíz del árbol que somos, está en los cielos, y las ramas en la vida terrenal. Carl Jung en *El Libro Rojo* afirma que *"Cualquier árbol que quiera tocar el cielo necesita tener raíces tan profundas hasta el punto de tocar los infiernos".*

Por destino o coincidencia, cuando la autora radicó en Chiapa de Corzo, tuvo una ceiba en el jardín. Es un árbol enorme, que tira muchas ramas con espinas y hojas en algunas temporadas. Esto la hacía cuestionarse si la grandeza lleva implícito un dolor, o sacrificio. ¿Son las espinas de la Ceiba semejantes a las que protegen la belleza de la rosa? En todo caso; invitan a que tengamos la sabiduría de sobreponernos a depresiones y melancolías, de aprender de nuestras sombras; para no ser abismo, sino un puente para la manifestación del alma superior.

...y he tratado de aprender el lenguaje de mi sombra; de retomar la sabiduría de mi ser animal, embriagado de vacío, de hartazgo y de fe. Son mis abismos los que construyen mis raíces de Ceiba. Es el laberinto de los nombres, la renuncia, lo que le da espacio a mi alma para revelarse.

— Ki Victorieux

# II. INFANCIA VITAL

*Abrazar el Corazón*

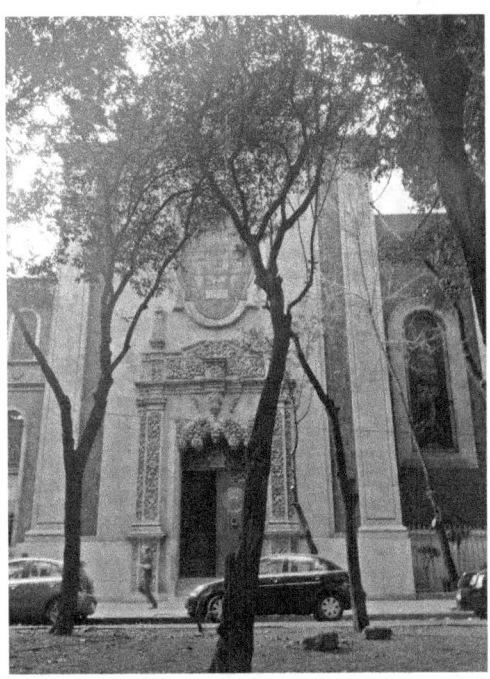

*Colonia Roma, Ciudad de México, 2016*

*Mi infancia vive en fragmentos de memoria; en un tiempo que existe al invocarlo. Mi niña interior, espíritu resurrecto, es cada día más vital en mi deseo.*

Cada persona es el hábitat, la casa de un pequeño niño interior quien desea amor y aceptación. Los adultos que han tenido la fortuna de contar con padres amorosos en su infancia, suelen tener una relación sana con su niño interior. Lo contrario aplica para quienes crecieron en una familia disfuncional.

Padres amorosos son quienes preguntan a sus hijos; ¿cómo te fue hoy?, ¿cómo te sientes?, ¿necesitas ayuda o tienes algún problema?, ¿cuáles son tus sueños? Estos padres escuchan y validan las emociones, pensamientos y la identidad del hijo, sin juicios severos, con compasión y amor incondicional. Por el contrario, en las familias disfuncionales, los padres o cuidadores violentan al infante, ya sea con agresión directa -críticas, burlas, golpes-, o por omisión -ignorar al niño es un abuso que trunca su desarrollo y daña su autoestima-.

Independientemente de cuál haya sido nuestra infancia, al acercamos a la madurez, es sabio abrazar nuestro corazón. Validar nuestras emociones, sanar la relación con nuestra voz inocente, purificar la memoria con perdón, imaginación y ternura. Es un ejercicio de auto-conocimiento del ser, de afirmación de nuestra identidad. Reconocernos no sólo como un cuerpo adulto en tiempo presente, sino como un ser espiritual, atemporal, eterno, trascendente.

> Mi infancia vive en fragmentos de memoria; en un tiempo que existe al invocarlo. Mi niña interior; espíritu resurrecto, es cada día más vital en mi deseo.
>
> - Ki Victorieux

# III. INCLUSIÓN ÁTMICA

*Somos Polvo de Estrellas; una Tribu de Almas*

*Iridiscentes*

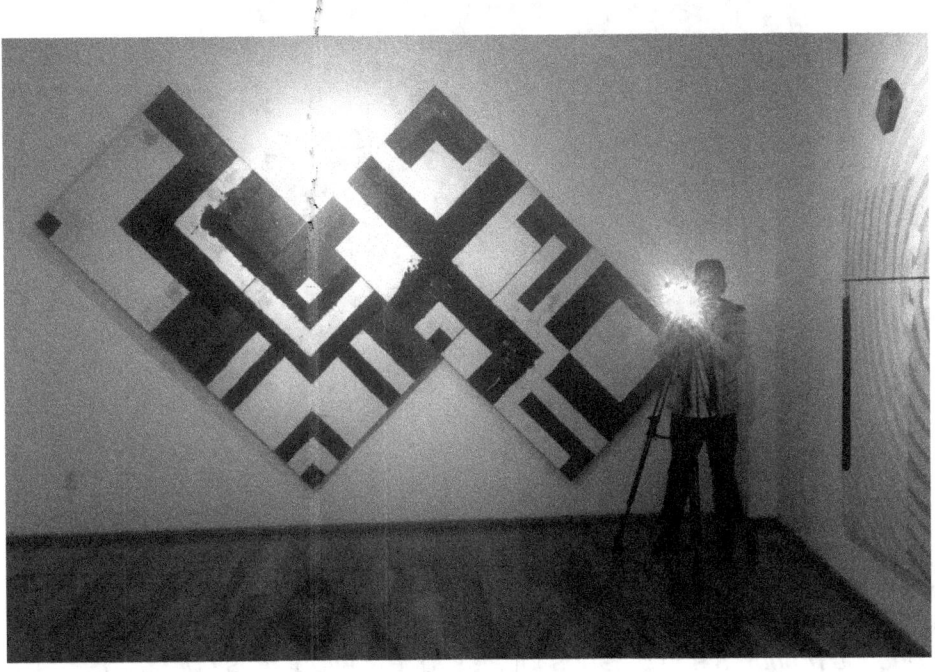

*Fundación Sebastián, Ciudad de México, 2016.*

## *Filosofía; ¿por qué fascina el glitter?*

La filosofía es una de las ciencias sociales que facilitan comprender la cultura, el lenguaje, la belleza. En la modernidad, diversas estrategias teóricas buscan el conocimiento de nuestra historia híbrida. La puesta en escena de géneros impuros, mestizos, migrantes, las paradojas contemporáneas entre el mundo académico y el popular, entre nacionalismos, puritanismos, la discriminación, y el camino a la inclusión *transdisciplinaria* y lo multicultural.

Un ejemplo de estas tensiones culturales es la polémica en torno a la vida y obra de Juan Gabriel. El cantautor se presentó en el Palacio de Bellas Artes en 1990, 1997 y 2013. *"Aguardado con la devoción que le corresponde a un ídolo en tiempos de escasez de santos contemporáneos, aparece con glitter preciso, Juan Gabriel"*. Cita Carlos Monsiváis en la revista Proceso. El fenómeno puso en debate los espacios para el arte, con matices de homofobia y machismo. Después de la muerte del *divo de Juárez,* Nicolás Alvarado, director de TV UNAM, publicó: *"Mi rechazo al trabajo de Juan Gabriel es, pues, clasista: me irritan sus lentejuelas no por jotas sino por nacas."* Esta declaración discriminatoria provocó un descontento social, que terminó con la renuncia de Alvarado a a su cargo.

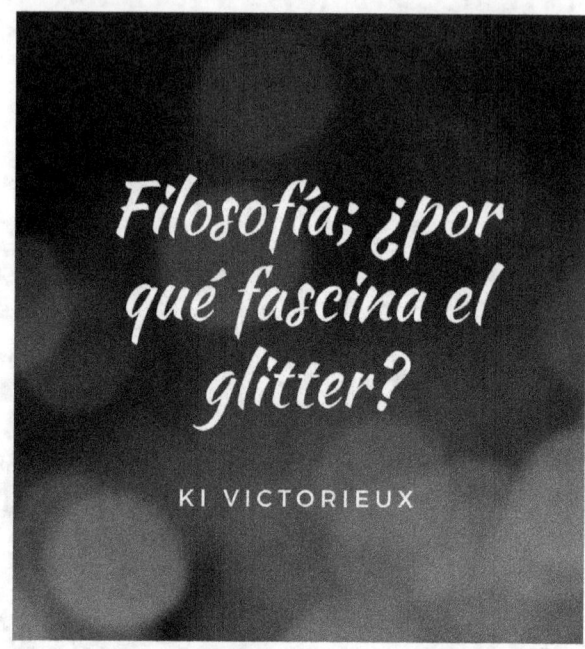

Una de las frases más conocidas en el idioma inglés aparece en la Declaración de Independencia de los Estados Unidos y es: *"Sostenemos como evidentes estas verdades: que los hombres son creados iguales; que son dotados por su Creador de ciertos derechos inalienables; que entre estos están la vida, la libertad y la búsqueda de la felicidad."* Los artistas son actores vitales en la construcción de la identidad social. Nuestros discursos culturales deben apostar a los valores evolutivos, como lo son el respeto, la inclusión y la concordia.

En pequeña escala, el *glitter* o el brillo en los vestuarios y otros artefactos de seducción, nos recuerda la luminosidad del cosmos, lo infinito de las galaxias. No es de extrañar que David Bowie se hiciera llamar *Ziggie Stardust* (polvo de estrellas), o que la diamantina sea tan popular en los grandes espectáculos, como en los trabajos escolares.

Cuando los seres humanos experimentamos la realización de que somos un *alma superior*, inicia el proceso de *"reflexión divina"*. El discípulo aparece como *Arjuna*, y es posible descubrir su *"Soul Tribe"*, el grupo de almas al cuál pertenece, a través del servicio. El *alma encarnada*, al ser consciente, se apropia entonces del *"cuerpo de luz y de esplendor, la expresión de la gloria del Uno"*. Este es uno de los brillantes misterios de la iniciación espiritual.

# IV. SOMOS UNO

## La Conciencia de Unidad nos Sana

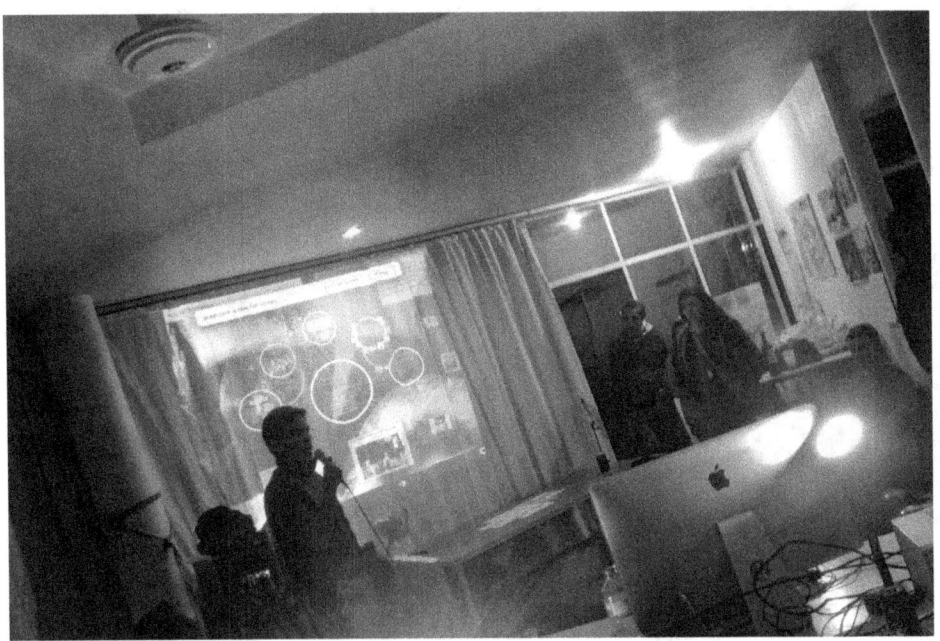

*Salón T.E.A. Ciudad de México, 2016.*

*Todos somos uno, y nuestro entorno siempre es un espejo. Las enfermedades no son castigos; son avisos de qué es aquello en lo que debemos poner atención y solucionar. Las cosas que se rompen o descomponen en casa, también nos invitan a analizar cómo ser más conscientes, más conductivos a la libertad, la felicidad, la prosperidad. Los problemas no son para darnos por vencidos, son para salir victoriosos.*

En numerosas escuelas espirituales se cree que al avanzar en el desarrollo de la conciencia, nos liberamos de la ilusión de la separación, y nos damos cuenta de la unidad. Ser iluminado es ser uno con todo. Sin embargo, para el ser humano común, la experiencia es vivir aislado, fragmentado, y esto puede devenir en enfermedades.

Carl Jung afirma que *"Lo que conocemos como enfermedad, es el esfuerzo que hace la Naturaleza para curar al hombre".* Dentro del campo de la medicina alternativa, la Biodescodificación (Bioneuroemoción) reconoce que cuerpo, mente y alma están estrechamente relacionados, y busca el origen de las enfermedades en su raíz emocional, para descodificarla, transmutarla, y así favorecer la curación. Se

> Todos somos uno, y nuestro entorno siempre es un espejo. Las enfermedades no son castigos; son avisos de qué es aquello en lo que debemos poner atención y solucionar. Las cosas que se rompen o descomponen en casa, también nos invitan a analizar como ser más conscientes, más conductivos a la libertad, la felicidad, la prosperidad. Los problemas no son para darnos por vencidos, son para salir victoriosos.
>
> Ki Victorieux

analiza tanto la vida del paciente, desde antes de la concepción, así como su *transgeneracional*, es decir, lo que recibe de sus ancestros. Estos estudios parten de la experiencia de numerosos investigadores y practicantes como: Anne Schützenberger, Marc Fréchet, Georg Groddeck, entre otros, quienes demuestran que las enfermedades son un programa biológico de supervivencia. El terapeuta guía al paciente a enfrentar el conflicto y superarlo, en un proceso que lo hace más consciente de sí y de su entorno.

Otro de los sistemas que buscan la salud con una perspectiva holística es el *Feng Shui*. Es un antiguo sistema filosófico chino de origen taoísta basado en la ocupación consciente y armónica del espacio. El principio básico es el flujo de la energía o *chi*. Un lugar ordenado, limpio, y con buen flujo de energía eleva el espíritu y favorece la salud. Un lugar sucio, caótico, lleno de acumulación, cosas descompuestas o rotas, puede bloquear y debilitar la energía de las personas.

Es fácil olvidar que somos energía, y que estamos conectados con las cosas de nuestros espacios, las relaciones que establecemos, el sistema familiar, los elementos, los puntos cardinales, los astros. Sin embargo, no estamos a merced de todo aquello a lo que pertenecemos, siempre podemos elevar nuestra conciencia y encontrar un equilibrio saludable, armónico, para nuestro bienestar integral.

# V. HERMANOS SINTIENTES

*Bendigamos Amorosamente al Hablar*

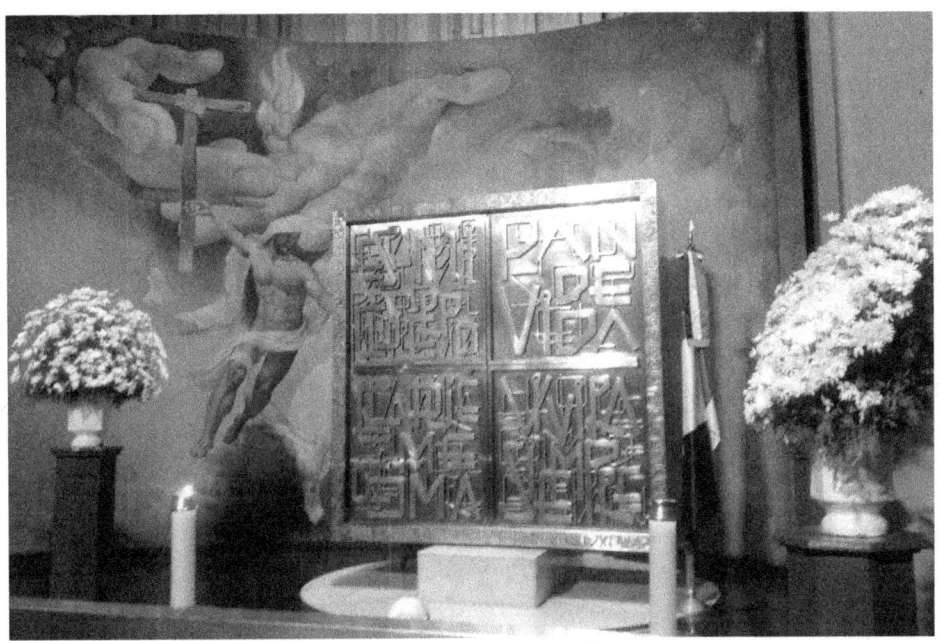

*Basílica de Guadalupe, Ciudad de México, 2016.*

*El lenguaje que más amo es el Amor.*

Muchas veces nuestra conciencia del mundo está limitada por el lugar de nacimiento, lo que determina una lengua, ciertos usos y costumbres, etc. La educación y los viajes, la intención de abrir la conciencia y conocer otras formas de pensar y entender el mundo, pueden llevar a un individuo a desarrollar habilidades para sobrevivir en y disfrutar diversos entornos. Es útil el dominio de varias lenguas, formales como lo son los idiomas, o informales, como el lenguaje corporal. Con el auge de la tecnología, los lenguajes pueden ser matemáticos, o de programación. Aún cuando no conozcamos dichos lenguajes, podemos recibir sus beneficios. Por ejemplo: no necesitamos saber cómo funcionan las computadoras o los teléfonos celulares para usarlos y facilitar nuestra comunicación.

Uno de los libros clásicos dedicados al amor sexual en India es el *Kamasutra*, *circa* 240 - 550 d.C. En China es popular el *Tao del Amor*. En la antigua Grecia se diferencian 4 tipos de amor: *Eros*; apasionado y sensual. *Storgé*; con lealtad y compromiso. *Philia*; fraternidad y bien común. *Ágape*; amor incondicional, universal, por una deidad, la naturaleza o por la humanidad. En la psicología contemporánea, es popular el Dr. Gary Chapman, quien afirma que existen *5 lenguajes del amor*: 1. Contacto Físico. 2. Tiempo de Calidad. 3. Regalos. 4. Palabras. 5. Servicio. Cada persona, en relación a su carácter o identidad, manifiesta su amor con mayor facilidad o frecuencia en uno o varios de estos lenguajes.

Un buen corazón es indispensable para lograr comunicarnos mejor con los demás. Muchas veces no es lo que decimos, sino el cómo lo decimos, lo que afecta profundamente la conversación. Hay maestros que invitan a sus seguidores a meditar constantemente en el amor, y a practicar en bendecir silenciosamente, siempre, al hablar. Así como los esquimales pueden diferenciar muchos tonos de blanco, que son imperceptibles para quien no está acostumbrado a paisajes nevados, también hay personas que se ejercitan en cultivar y desarrollar emociones elevadas, amorosas: compasión, empatía, gozo, dicha, felicidad. *La oración de San Francisco,* es una de las más populares para este fin.

*Oh, Señor, hazme un instrumento de tu Paz.*
*Donde haya odio, que yo siembre Amor. Donde haya ofensa, Perdón. Donde haya desesperanza y duda, que lleve yo la Fe. Donde haya error, que lleve yo la Verdad. Donde haya oscuridad, que lleve yo la Alegría. Donde haya tinieblas, que lleve yo la Luz.*
*Oh Maestro, haz que yo no busque tanto ser consolado, sino consolar.*
*Ser comprendido; sino comprender. Ser amado; como amar.*
*Porque es dando; que se recibe. Perdonando; que se es perdonado. Muriendo; que se resucita a la Vida Eterna.*

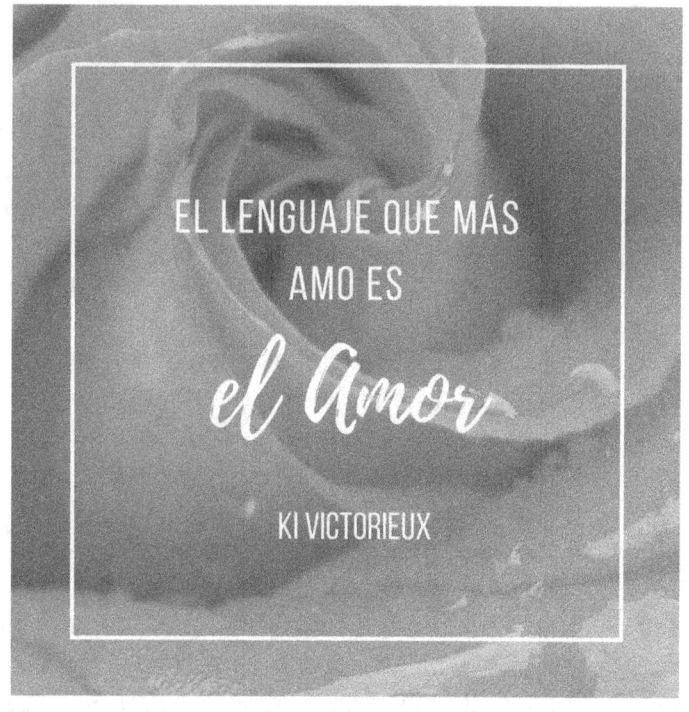

EL LENGUAJE QUE MÁS
AMO ES

*el Amor*

KI VICTORIEUX

San Francisco de Asís, gracias a su bondad amorosa, llamaba a los animalitos *"pequeños hermanos";* ellos lo escuchaban y obedecían. Se cuenta que las golondrinas le seguían y formaban una cruz encima de él cuando predicaba, del conejo que no quería separarse de él en el lago Trasimeno, y del lobo Gubbio, amansado por el santo. También las princesas de los cuentos de hadas lograban hablar con todos los seres sintientes, aves, ratones, e incluso con los elementales de la naturaleza, como lo son los duendes y las *sílfides.* Cenicienta, Blancanieves, y las demás doncellas, representan al corazón de los seres humanos, el *chakra Chesed.* Cada uno de nosotros debe hacer las paces con su princesa, feminidad, corazón interior, y con el príncipe, la masculinidad, voluntad interior; a fin de lograr un estado de armonía y belleza, que nos permita liberarnos del temor, y tener la paz necesaria para escuchar las voces del mundo en profunda presencia amorosa.

# VI. BELLEZA MULTICULTURAL

*Restar al Racismo & Sumar en Inclusión*

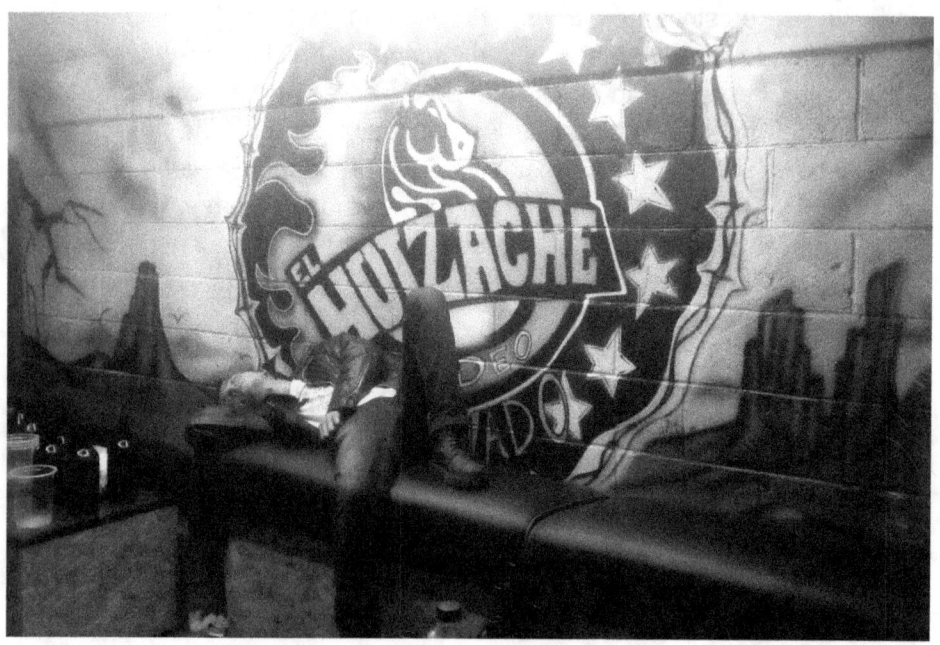

Rodeo Huizache, Ecatepec de Morelos, 2016.

*¿Por qué no soy racista? Porque hay muchas formas de manifestar la belleza, y el amor en esta vida. Respect!*

Inclusión es mucho más que una palabra que ocupa un rol principal en los retos del siglo 21, es una habilidad que deseamos impulsar, para que se encuentre al alcance de la mayoría de los individuos. Los obstáculos se encuentran en prejuicios, nacionalismos, o simplemente en ignorancia. Debemos como sociedad, ser conscientes de los conflictos que hacen que exista el racismo y la discriminación y encontrar formas de educar a los seres en alternativas de equidad y justicia.

Ser incluyente implica buscar el equilibrio, la participación de todos, sin detrimento de ninguno. No obstante el racismo imperante en países latinoamericanos, algunas dictaduras, ante la impotencia de enfrentar la corrupción, el empobrecimiento y los desafíos tecnológicos, recurren a la exhumación de lo *premoderno*, con una *demagógica* promoción de lo artesanal o indígena. Entre las consecuencias negativas, y nada incluyentes de este recurso, se encuentra la censura de los creadores contemporáneos *-para alabar arcaísmos* *hay que desacreditar o ignorar el presente-*, o las lealtades con grupos fundamentalistas religiosos o políticos. Nestor García Canclini, en *Culturas Híbridas* relata como en la Argentina la iglesia amenazó con la excomunión a los diputados que ¡en 1986! discutían la legalización del divorcio, y el pluralismo en la educación y cultura. También señala que en México, fanáticos católicos irrumpieron en el Museo de Arte Moderno en 1988, para pedir la expulsión del país del director, y la reclusión psiquiátrica de los artistas que representaron a la virgen con el rostro de Marilyn Monroe, y a Cristo con el de Pedro Infante y guantes de boxeador. Es decir; en ocasiones la tendencia busca la novedad y ningunea lo indígena, en otras se revaloran los artesanos y censuran los contemporáneos. Deberíamos encontrar la forma de incluir la mayor cantidad de expresiones culturales, sean novedosas o históricas, vengan de lo artesanal, la tecnología, las artes, o la ciencia.

> ¿Por qué no soy racista? Poque hay muchas formas de manifestar la belleza, y el amor en esta vida.
>
> Respect!
>
> - Ki Victorieux

Podemos iniciar por ser incluyentes con nosotros mismos: reconocer que el otro no es cómo lo vemos, que los juicios que manifestamos están condicionados por nuestra sombra. Si abrazamos nuestras heridas, podremos suavizar nuestros juicios, y lograr una percepción más clara y respetuosa de los que nos acompañan en la vida. Muchos grupos raciales, religiosos, étnicos, están cambiando sus roles en la vida contemporánea. El desarrollo de una *Razón Inclusiva* facilitará una visión de unidad, en la que las diferencias no sean motivo de juicio severo, sino una manifestación del multiculturalismo y su riqueza, con respeto y diálogo. Si bien la unidad en el planeta es una realidad; que la humanidad en su conjunto despierte a ello, es aún una meta que impulsar, porque es lo que permitirá mayor belleza en la vida y las relaciones humanas.

# VII. ESCUCHAR EL ALMA

## *El Corazón es la Llave de la Trascendencia*

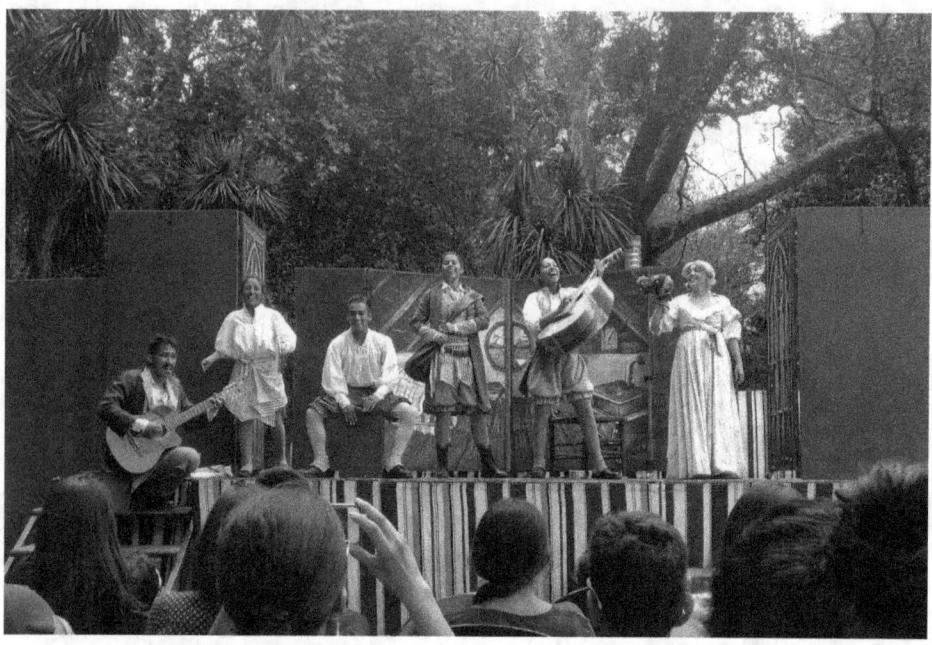

*Bosque de Chapultepec, México, 2016.*

*La autodestrucción; ¿es la otra cara de la moneda de la trascendencia?*

La trascendencia es uno de los valores de quienes aspiramos a un mundo mejor. Es decir; trabajar por una misión que se encuentra *"más allá"* de lo conocido en el tiempo y espacio mundano. El ser humano se encuentra en la encrucijada entre *inmanencia* y trascendencia. *Inmanencia* es la propiedad por la que una determinada realidad permanece cerrada en sí misma, agotando en ella todo su ser y su actuar. La trascendencia sin embargo, la incluye como uno de sus momentos, el cual debe de ser superado por el ser. La filosofía tradicional orienta la cuestión de la trascendencia hacia una demostración o prueba de la inmortalidad del alma y de la existencia de Dios.

Algunas personas presas de la desesperación, buscan escapar de sí mismos, pero el sacrificio o suicidio es una puerta falsa. No eres ni tu cuerpo, ni tus emociones, ni tu mente: Eres quien utiliza tu cuerpo, quien experimenta tus emociones, y el testigo de tus pensamientos; eres el alma. El alma lleva cuenta de tus deudas, del *karma*, y si no se pagan en esta vida, se habrán de pagar en la siguiente. De tal forma que renunciar al cuerpo de este tiempo y espacio, sólo reinicia el cuerpo, pero no aligera las cargas del alma. La única forma de trascender es a través de la purificación del corazón, de los actos, las emociones y los pensamientos; aligerar el *karma* a través de actos, palabras e ideas de bien común. Esto nutre el alma, y te brinda la verdadera liberación.

Cuerpo físico, emocional, mental, y espiritual o *átmico*. El ser humano puede perderse en el hedonismo de las satisfacciones animales, sexuales, emocionales, del deseo o de los laberintos de la mente. Algunos -cada vez más- dirigen sus esfuerzos a iluminar su corazón como una llave para acceder a lo intangible, a lo trascendente. Entonces los recursos físicos, emocionales y mentales dejan de ser amos, para convertirse en siervos del alma encarnada, y del alma superior. Las fuerzas de vida se dirigen a una purificación y energización del ser, a fin de conocer a Dios a través de nuestra alma, *"saber lo que es ser humano"* y por tanto actuar de forma inofensiva, sabia, constructiva.

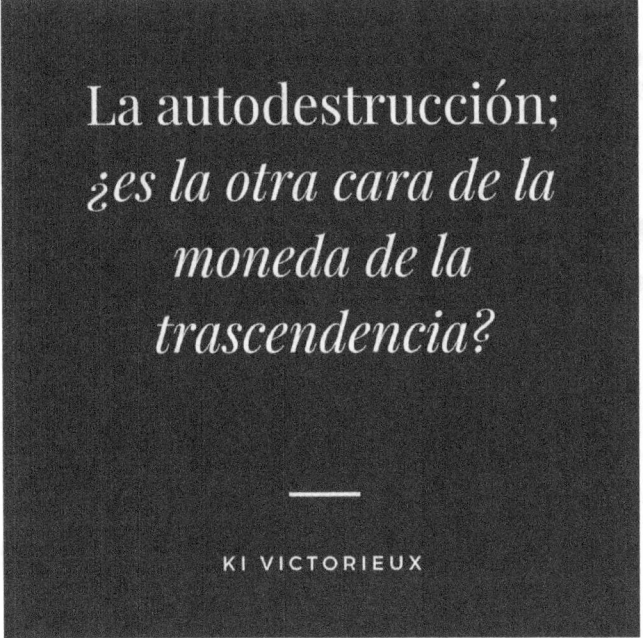

La autodestrucción;
*¿es la otra cara de la moneda de la trascendencia?*

KI VICTORIEUX

Aún cuando el camino ha sido señalado por varios maestros espirituales, eso no disminuye la complejidad para el practicante, quien puede en algún momento perderse en glamorosas alucinaciones, egoístas ambiciones místicas, que sin embargo hablan de un desenvolvimiento. ¿Cuánto tiempo pueden continuar destruyéndose a sí mismos los que buscan la revelación?, extraviados en el salvaje resplandor de los mal entendidos, vagan hasta lograr humildad y técnica que los haga encarnación de la luz divina, que constantemente alumbra el universo.

# VIII. AMAR ES EVOLUCIONAR

*Aceptar Incondicionalmente Nuestra Historia*

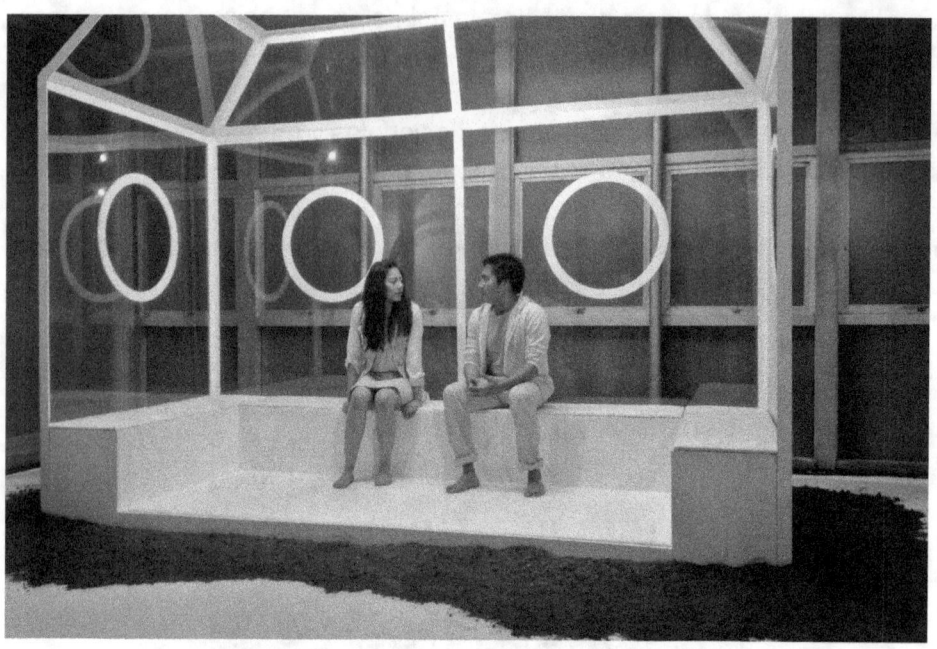

*Centro Nacional de las Artes, México, 2016.*

*¿Fetiches? Me gustan las cicatrices, bueno, algunas, depende quién las porte. También conservo algunas reliquias u objetos violentos propios o de la familia que encuentro entrañables. Las fechas; me ha dado por darle importancia al calendario. Supongo rima. Fecha-fetiche.*

Para ser una persona de fe no es necesario ser religioso, o idealista. Los protagonistas de los cambios son personas sabias y prácticas, su inteligencia es visionaria y da resultados: Comprensión y cooperación entre los seres humanos, con énfasis en la expresión de *La ley del Amor*, que es indispensable en la *Ley de la Evolución*. Muchas personas intentan renunciar al amor debido a cicatrices o crisis que habitan en su memoria. Como sociedad incluso hemos tenido épocas en las que se prioriza la razón, se habla de la muerte de Dios, y se renuncia a lo espiritual o a lo femenino, incluyendo la bondad amorosa. A pesar de esas crisis personales y comunitarias, debemos rescatar los corazones. Si ello implica conservar reliquias de las crisis, que así sea. La historia no se trasciende escondiéndola bajo la alfombra, sino aceptándola con humanidad y compasión, con amor incondicional, atemporal, universal.

¿Fetiches? Me gustan las cicatrices, bueno, algunas, depende quién las porte. También conservo algunas reliquias u objetos violentos propios o de la familia que encuentro entrañables. Las fechas; me ha dado por darle importancia al calendario. Supongo rima: fecha–fetiche.

KI VICTORIEUX

# IX. AUTOAFIRMACIÓN

*¿Qué te Hace Orgulloso & Feliz?*

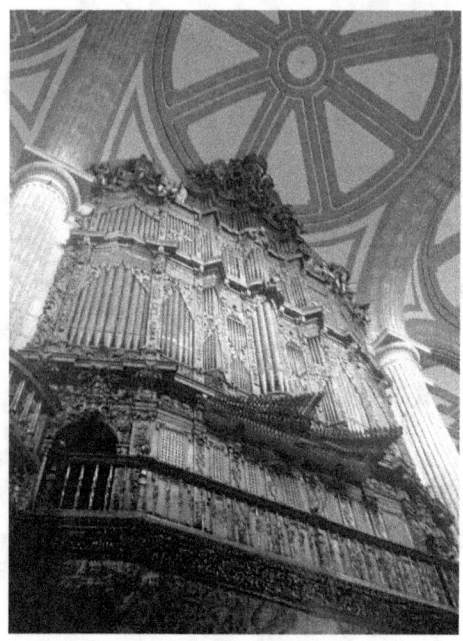

*Catedral Metropolitana, México, 2016.*

*En la encrucijada de hacer propósitos que empiezan por mis deseos y pasiones personales, o por considerar valores universales y de qué manera me puedo sumar a su realización.*

Aunque la sociedad nos brinda una ética y moral que nos da un marco de lo deseable, cada individuo debe trabajar en su auto-definición, y en seleccionar los valores que guiarán sus esfuerzos. Estos determinan ¿qué es significativo, qué consideras mejor, qué te hace sentirte realizado? ¿Cuándo te sentiste realmente seguro y confiado de que estabas haciendo lo correcto?, ¿qué te hace feliz?, ¿de qué estás orgulloso?, ¿con quienes compartes tus logros, y de qué forma ellos contribuyen a tus sentimientos positivos?

*La Teoría de los Valores Humanos Básicos*, es desarrollada por Shalom H. Schwartz, en el campo de la investigación *intercultural*. Trata de medir los valores universales que son reconocidos a través de las culturas. Identifica las diferentes motivaciones y describe las relaciones dinámicas entre ellos. Establece valores en una estructura circular.

## TIPOS DE VALORES MOTIVACIONALES

Se puede organizar en cuatro grupos. Cada uno tiene una meta central, así como una motivación subyacente.

## APERTURA AL CAMBIO

1. Auto-Dirección: Independencia de pensamiento y acción; escoger, crear, explorar. Vida estimulante, excitante, con creatividad y libertad.

2. Estimulación: Excitación, novedad y retos en la vida.

## DESARROLLO PERSONAL

3. Hedonismo: Placer, gratificación sensual para uno mismo.

4. Logros: Éxito personal a través de demostrar competencias de acuerdo a los estándares sociales.

5. Poder: Estatus social y prestigio, control y dominio sobre las personas y los recursos.

## CONSERVACIÓN

6. Seguridad: Armonía, estabilidad en la sociedad, en las relaciones y en uno mismo.

7. Conformidad: Limitar las acciones e impulsos que puedan dañar o disgustar a otros y violar las normas y expectativas sociales.

8. Tradición: Respeto, compromiso, y aceptación de las ideas de la cultura de la que uno proviene.

## AUTO-TRASCENDENCIA

9. Benevolencia: Preservar y mejorar el bienestar de aquellos con los que uno está en contacto personal frecuente.

10. Universalidad: Comprensión, apreciación, tolerancia, y protección del bienestar de todas las personas y de la naturaleza.

11. Espiritualidad: Los investigadores consideran que este valor no existe en todas las culturas.

Otros importantes documentos que dan fe de los valores humanos, son: Las *Declaraciones de Independencia*, y la *Declaración Universal de los Derechos Humanos*, proclamada por las Naciones Unidas en 1948.

Master Choa Kok Sui, creador de la *Fundación Mundial para la Sanación Pránica,* establece cinco virtudes en las que debemos trabajar a fin de *construir carácter*: 1. Bondad Amorosa y no herir. 2. Generosidad y no robar. 3. Percepción precisa, expresión correcta y no falsedad. 4. Constancia en el objetivo, esfuerzo y no pereza. 5. Moderación y no excesividad.

Para la autora, encontrar sus valores es un proceso en constante evolución. Los valores que defendió en su adolescencia tienen diferencias con los que elige hoy por hoy. Estudió las ideas de maestros que admira, y pasó noches en consultar con la almohada, y tardes de auto-análisis. Sin embargo, aún al elegir valores principales con los que dirigir su obra actual, es consciente de que esta misión es *"gentil y gradual"*. No es que cambiemos nuestro rumbo de un día a otro, o el mundo en un año, sino que cada día podemos esforzarnos en ser conscientes de caminar, con buen ánimo y paciencia, en la dirección de lo que deseamos heredar a nuestra cultura. Todos podemos ser parte del cambio en nosotros mismos y en el mundo.

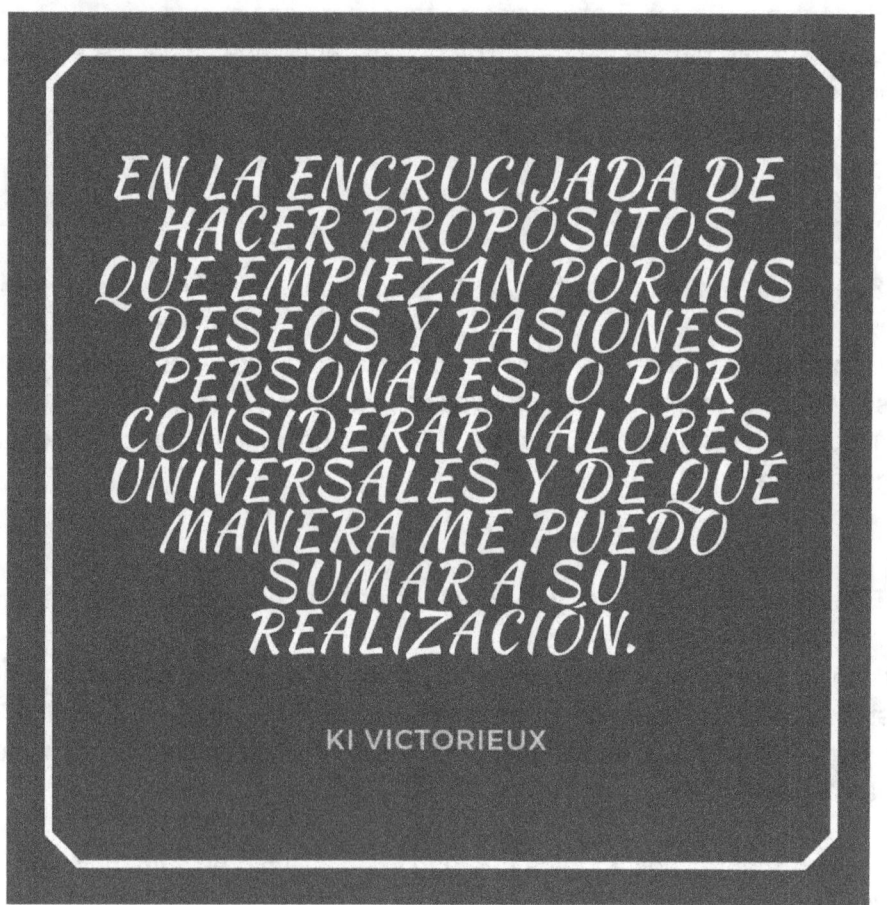

EN LA ENCRUCIJADA DE HACER PROPÓSITOS QUE EMPIEZAN POR MIS DESEOS Y PASIONES PERSONALES, O POR CONSIDERAR VALORES UNIVERSALES Y DE QUÉ MANERA ME PUEDO SUMAR A SU REALIZACIÓN.

KI VICTORIEUX

1. Trascendencia: Conectar con lo inmortal y lo esencial. Benevolencia y universalidad. 2. Inclusión: Todos somos uno. Empatía y compasión por los seres y la naturaleza. El fomento por la equidad, la justicia, el respeto, dignidad, diálogo y responsabilidad social. 3. Conciencia: Por saber qué es *"uno mismo"*, y que conlleva a ser responsable como ser social, con la naturaleza y los seres. 4. Integridad: Ser congruente en lo que se dice y se hace. Seguridad y orden. 5. *Multiculturalismo*: Pensamiento global. Tener una misión en la vida de naciones y

universos. Carácter incluyente, holístico, políglota, multidisciplinar y en pro de derechos y valores universales.

Esperamos que la experiencia de estos autores en relación a los valores, te pueda nutrir para establecer tu elección. ¿Hacia dónde deseas dirigir el sentido de tu propia vida?, ¿cómo quieres ser recordado?, ¿qué semillas sembrarás, para quienes? Cree en ti mismo, apunta a las estrellas, eres una de ellas.

# X. LA OPORTUNIDAD DE DAR

## *Volver al Padre*

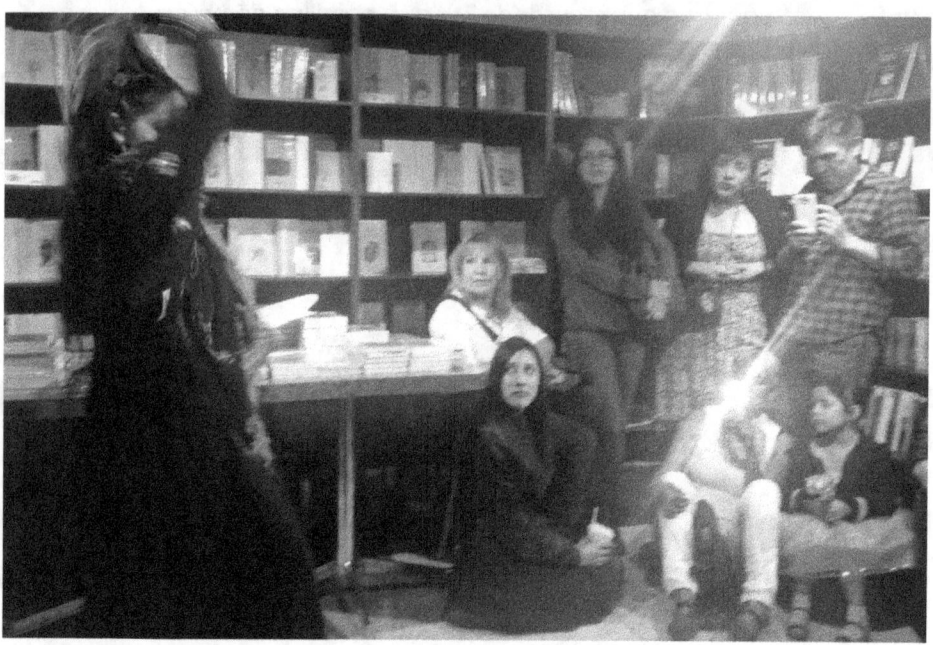

*Librería del Ermitaño, San Pedro de los Pinos, Ciudad de México, 2016.*

*Los cerdos serán sacrificados... A menos que su luz divina sea recibida por el gramo de humanidad que poseen, y logren evolucionar.*

Puedes creer o no en la Ley, y esta sin embargo, existe. Así con la Ley de la Gravedad, o la del *Karma*, o del Sacrificio.

Cuando una persona elige dedicarse al servicio de un mundo mejor, está implícito que aceptan el sacrificio que esa decisión implica. Afortunadamente no me refiero al tipo de sacrificio de corazones humanos a las deidades, realizado por los antiguos mexicanos, ni a las prácticas salvajes que quitan la vida de animales para buscar el cumplimiento de deseos mundanos.

Actualmente vivimos en sociedades simbólicas, de tal forma que el sacrificio suele estar en ponerse en el *"ojo del huracán"* y a merced no sólo de los observadores que detentan poder -*Big Brother*-, sino también del público en general. El trabajo de fomentar la renovación, la transmutación, puede hacer que los protagonistas -líderes, artistas, científicos, políticos, etc.- sean mal interpretados, y severamente juzgados más por sus errores que por sus esfuerzos.

Pero son almas dedicadas y resilientes, que nos iluminan con su propia historia; y eso es hacer el bien.

> Los cerdos serán sacrificados...
> A menos que su luz divina sea
> recibida por el gramo de
> humanidad que poseen, y logren
> evolucionar.
>
> — Ki Victorieux

*La Ley del Sacrificio* aplica en todos los reinos de la naturaleza. Significa el impulso de dar. Los minerales de la tierra se brindan al hombre a través de los vegetales y del agua, así que incluso el reino más denso realiza este proceso de hacer el bien.

La Biblia nos cuenta una historia simbólica: hay quienes como el hijo pródigo, desperdician y sacrifican sus recursos en resultados insatisfactorios. Por cosas menores, pierden lo más valioso. Pero cuando recapacita y humilde, regresa al Padre, es perdonado. Esta anécdota nos habla del libre albedrío: perder ciertas cosas en pro de ganar valores superiores, lo que es la historia de la evolución, o por lo contrario, ser como los cerdos a los que no hay que alimentar con perlas. Esto necesitamos entenderlo psicológicamente; es un principio que posee una belleza solar, entre el aparente caos y oscuridad de la historia humana.

# XI. ABRIR CAMINO

*Alquimia de Almas*

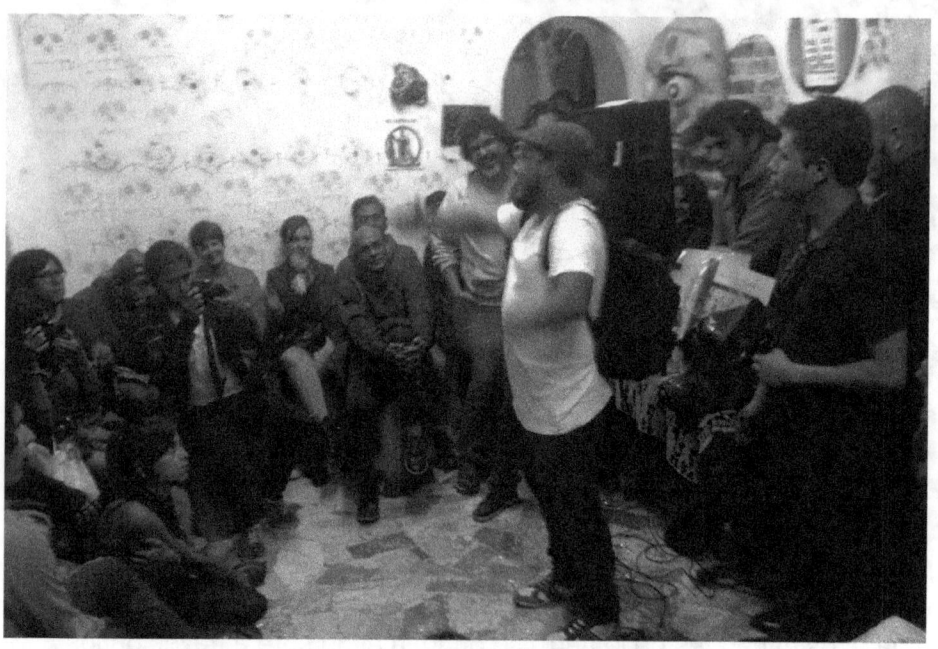

*Slam Poetry en Santa María la Ribera, Ciudad de México, 2016.*

*Chingones los maestros que te llevan a ensayar futuro.*

La enseñanza es una de las labores más nobles; el maestro abre camino al estudiante, desintegra obsoletas o negativas formas de pensamiento y le ilumina con alternativas de ser. El maestro acelera el desarrollo del alma de sus educandos, la cual es inmortal, como el servicio que brinda. La educación es un proceso alquímico, de transmutación de energía.

La actividad educativa tiene pros y contras. Al nutrir a otros, uno también es nutrido. El maestro siembra semillas en sus alumnos, de poder (fuerza de voluntad, disciplina, método), de inteligencia (conocimiento, técnica), y de amor (compasión, paciencia, generosidad). Lo que uno siembra, eso cosecha. Sin embargo, si el maestro tiene defectos de carácter, esto tendrá un efecto negativo en sus estudiantes. Demasiado amor causará caos, y demasiado rigor causará rebelión, por lo tanto debe encontrar un equilibrio en su actuar. Al desintegrar las creencias negativas o viejas de los alumnos, el maestro puede convertirse en una bote de *basura psíquica*, por lo que también debe estar prevenido para desintegrar y eliminar de si tal contaminación.

Chingones los maestros que te
llevan a ensayar futuro.

– Ki Victorieux

Un buen maestro es humilde, no debe dejarse nublar por la ambición. Es indispensable que el maestro no considere que el único camino es el suyo, y entonces pueda trabajar en equipo con otros líderes educativos. Debe favorecer que sus alumnos no dependan de él, sino que desarrollen su potencial, y si así lo desean, se conviertan también en maestros que continúen la expansión de la sabiduría.

# XII. MISIONEROS DRAGONES

## *La Sabiduría del Amor en Acción*

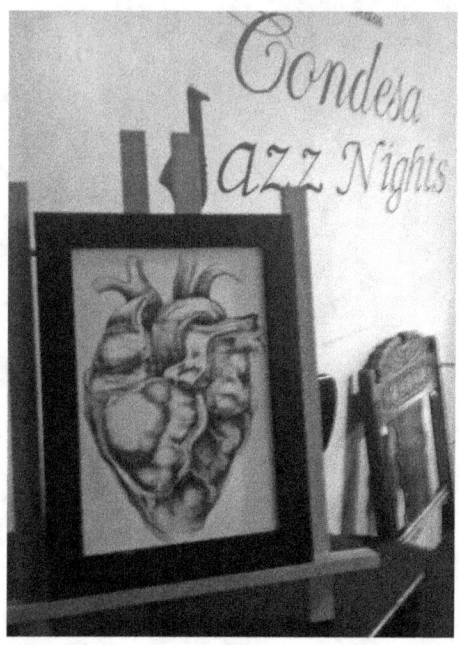

*Pérfida Bistro Café, Condesa, México, 2016.*

*Se solicitan dragones que con Amor diluyan la intolerancia. Con trabajo en Equipo sustituyan la desesperación solitaria y pasiva. Con Sabiduría minen la ignorancia e impotencia.*

Cuando el corazón y la mente trabajan en armonía, la fuerza fluye a través de la persona y dirige su cuerpo a la acción. Cuando los chakras o centros de energía están libres de obstáculos e impurezas, es más fácil que la energía se manifieste a través de amor, sabiduría y voluntad.

Para encontrar esta armonía es útil recordar que el silencio es uno de los misterios del desarrollo espiritual. Meditar no en la inhalación o exhalación, sino en los silencios entre ambas acciones. Meditar en la calma del vacío, preservar la energía del alma a través de la purificación.

Se solicitan dragones que con Amor diluyan la intolerancia. Con trabajo en equipo sustituyan la desesperación solitaria y pasiva. Con Sabiduría minen la ignorancia e impotencia.

- Ki Victorieux

# XIII. SOMOS DIGNOS DE AMOR

*Lo Estamos Haciendo Bien*

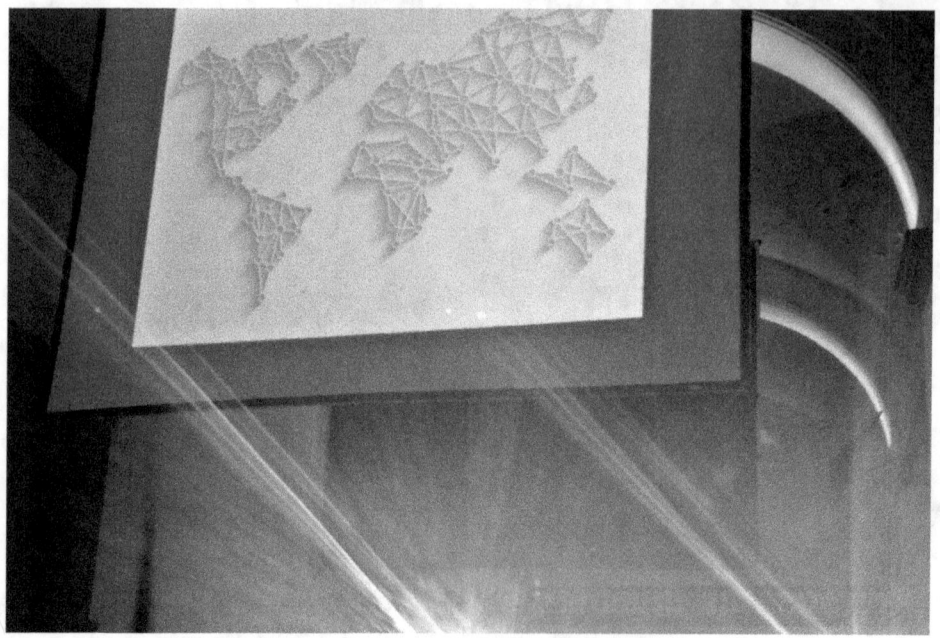

*Laboratorio Arte Alameda, Centro Histórico, Ciudad de México, 2016.*

*Como NIÑA, ¡Yo era maravillosa! Así lo es hoy mi NIÑA interior.*

Es saludable partir de una base de amor propio; la conciencia de uno mismo nos hace darnos cuenta de nuestra fortaleza. No se trata sólo de alabar el trabajo psicológico que podamos hacer con nuestro niño interior, sino de reconocer en gratitud el amor universal que da vida a nuestra mente, corazón, manos, gestos. Si puedes verte a los ojos, y con amor en tu mirada decirte que fuiste y eres maravilloso, lo estás haciendo bien.

Como NIÑA,
¡Yo era maravillosa!
Así lo es hoy mi
NIÑA interior

Ki Victorieux

# XIV. SUBLIMAR EL INSTINTO

## La Voluntad de Transmutar

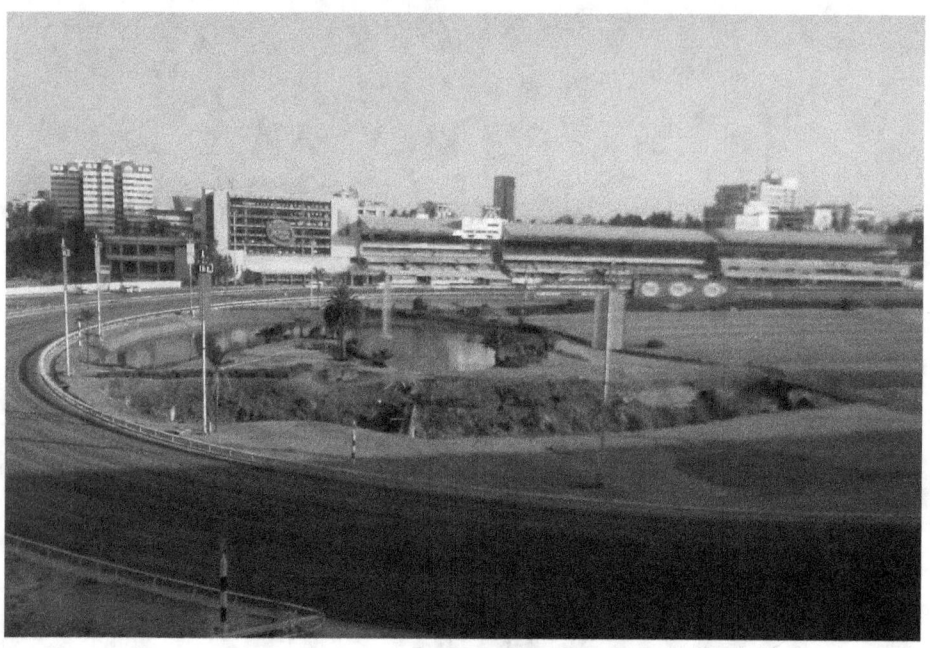

*Hipódromo, México, 2020.*

*Domesticar el ego incluye recapitulación humilde, alquimia de transmutación, voluntad sin procrastinar, recuperación del alma, liberar el trauma, ruptura de inútiles lealtades inconscientes... para respirar en un presente de paz, amor y libertad.*

¿Qué tal la relación con tu autoestima y tu ser superior? El concepto del yo y su *étimo* latino ego tiene diversas acepciones: psique, alma, conciencia, ser. Albert Einstein afirmó que a más conocimiento, menos ego, y viceversa. Lo cierto es que la pregunta del yo es uno de los cuestionamientos fundamentales de la humanidad.

Lograr ser humano es sublimar nuestros impulsos mamíferos y trascenderlos. Para ello se nos ofrecen diversas estrategias. La idea es llevar la conciencia a la primera plana de nuestra intención. Evitar todo lo que debilita o daña, romper lazos y prejuicios inútiles u obsoletos, y adquirir unidad.

La Recapitulación es el acto de recuperar la energía que hemos gastado en acciones pasadas. Recapitular implica recordar a todas las personas que hemos conocido, todos los lugares que hemos visto y todos los sentimientos que hemos tenido en toda nuestra vida -empezando desde el presente y volviendo hasta los recuerdos más remotos- para luego limpiarlos, uno por uno, con una respiración especial que barre todo. Taisha Abelar, en *"Donde Cruzan los Brujos"* lo explica así: *"Una recapitulación profunda y completa nos permite cobrar conciencia de lo que deseamos cambiar al permitirnos observar nuestras vidas sin engaños. Nos otorga una pausa momentánea en la que podemos elegir entre aceptar nuestro comportamiento acostumbrado o cambiar y eliminarlo mediante la fuerza del intento."* Algunos maestros aseguran que la recapitulación de nuestros pecados y conflictos, ayuda a liberar el trauma, y recuperar fragmentos del alma que dejamos en lugares donde no habíamos encontrado resolución.

> *Domesticar el ego incluye recapitulación humilde, alquimia de transmutación, voluntad sin procastinar, recuperación del alma, purificación del trauma, rúptura de inútiles lealtades inconscientes... para respirar en un presente de paz, amor, y libertad.*
>
> *- Ki Victorieux*

El humano promedio, es una suma de tendencias separadas e incluso contradictorias. Cuando el individuo trabaja en la unidad de sí, encuentra problema en lograr expresar la dualidad de amor y voluntad en su personalidad. La transmutación es un término relacionado con la alquimia, física y química que consiste en la conversión de un elemento en otro. La gran diferencia entre transformar y transmutar es que la transmutación, y principalmente en un sentido espiritual, sublima los elementos, refina la energía, logra siempre algo más perfecto. El maestro Rakoczi-Saint Germain, el Arcángel Zadquiel, y la Amada Amatista dirigen la flama, el rayo y la llama violeta, de la transmutación del karma y el perdón. Con su asistencia, podemos cambiar nuestras sombras mentales o emocionales-críticas, resentimientos, depresiones, irritaciones- por luz y color - empatía, perdón, amor-.

La voluntad de las masas suele estar dominada por intereses del entorno, o de entidades negativas, que confunden y desesperan a las personas. En el Padre Nuestro, la frase *"hágase tu voluntad"* nos recuerda la virtud de alinearnos con la *voluntad del alma superior*, recorrer *el sendero del Tao*, de lo correcto. La voluntad de justicia lleva al ser a elegir las cinco vírgenes sabias -bondad, sabiduría, verdad, amor, y justicia-, y no las cinco vírgenes necias -malicia, estupidez, mentira, odio e injusticia-. El poder de la voluntad existe en cada uno de nosotros, y debemos fortalecerlo sin demora.

# XV. EL AMOR ES GRATITUD

*Kundalini Espiritual*

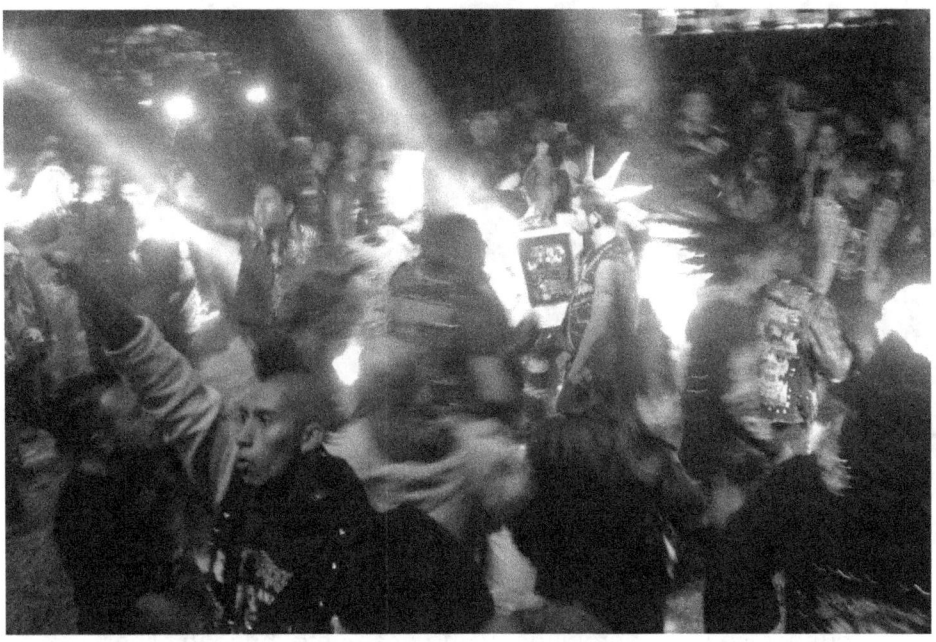

*Villa Rock, Toluca, 2016.*

*Sabes que estás obsesionada con alguien, cuando no importa que actor porno veas, todos te recuerdan a él.*

Una de las energías más esclavizantes cuando es mal dirigida es la sexual. Cuando una persona vive en ignorancia, supone que el amor o el placer atan. Cuando el ser es consciente, sabe que el amor libera, porque da la oportunidad de perdonar, y nos libera del resentimiento o del odio, también nos libera del temor, e incluso de la enfermedad. El amor verdadero es gratitud y libertad; una luz rosa líquida brillante, que brinda reverencia a la vida en los corazones de todos los seres. Quienes no conocen el verdadero amor, viven como mendigos de sus pasiones, que los obsesionan, dominan y pervierten. Estas fijaciones los empobrecen y atan, con cadenas *kármicas* que pueden durar varias vidas. Si el individuo se deja arrastrar por las olas del deseo, su desarrollo integral se verá bloqueado, y puede incluso derivar en debilidades sociales, enfermedades, o cáncer. Si la persona bloquea su sexualidad por considerarla impura, inhibe su propia energía. Si desperdicia su energía sexual en una agresiva promiscuidad, termina por debilitar todo su ser.

> *Sabes que estás obsesionada con alguien; cuando no importa que actor/es porno veas, todos te recuerdan a él.*
>
> *Ki Victorieux*

La sexualidad es la energía que fundamenta el mundo físico a través de la reproducción de los seres, de la creación y fertilidad biológica. También es una energía de creatividad simbólica; fundamento de la imaginación superior o artística, y de sus funciones espirituales. Si bien espiritualidad y sexualidad son fuerzas independientes, cuando se unen apropiada y amorosamente, brindan al ser una unión con el todo.

Un amor y erotismo saludables nos invitan a un camino medio: Un ser místico trabaja en construir una relación equilibrada, natural, honesta, íntegra, con su sexualidad y con sus palabras. Algunas experiencias útiles son meditar en la frase del Padre Nuestro: *"No nos dejes caer en la tentación, más líbranos del mal"*, estar en contacto con la energía fértil de la naturaleza, aprender a transmutar la energía sexual, de forma que podamos encauzar el poder de la kundalini -previa purificación de nuestros centros de energía-, etc. Al conocer a la pareja en un sentido sexual, en plena presencia de uno y reconocimiento del otro, nuestra carne se convierte en un puente para la experimentación del gozo divino.

# XVI. TERNURA POR FAVOR

*Sé la Ley del Amor*

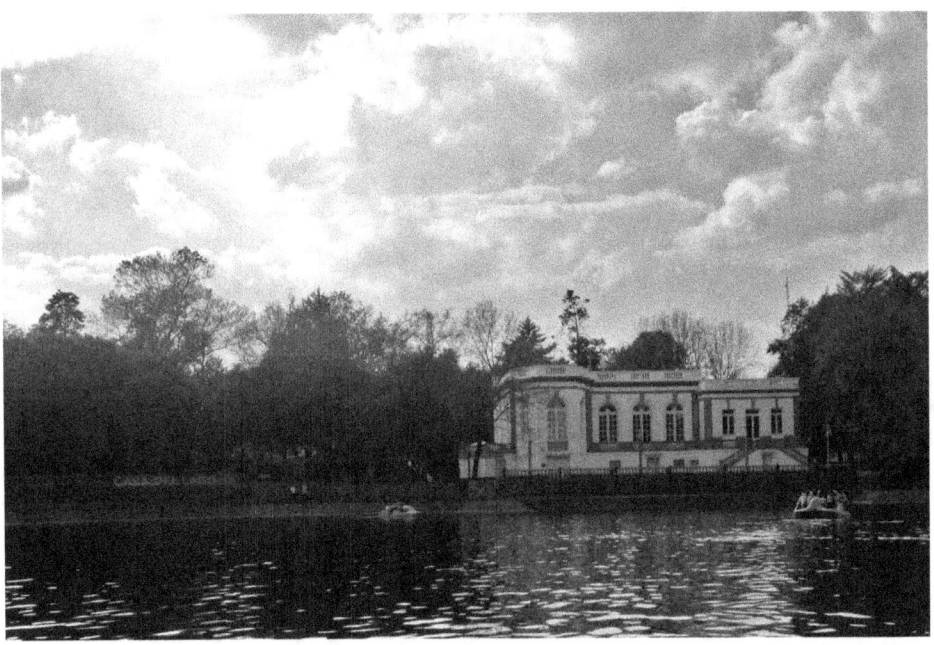

*Lago de Chapultepec, Ciudad de México, 2016.*

*Una persona con potencial de pareja romántica, es alguien que a primera vista te atrae física y sexualmente, y también resulta estar dispuesto a una intimidad respetuosa, constante, plena de ternura y cuidado.*

Muchas veces visualizamos a una potencial pareja como si fuera una lista de super, o la planeación de la mesa de regalos que deseamos recibir. Si bien es un ejercicio interesante, hay que recordar que el mundo es vibración, y generalmente nos encontramos atraídos hacia alguien que refleja nuestro estado psicológico y emocional. Por lo tanto, es sabio usar esa lista de deseos para clarificar los puntos que debemos trabajar en nuestro desarrollo.

Si lo que deseamos es alguien saludable, hay que invertir tiempo y esfuerzo en cultivar nuestra salud en todos los sentidos. Si deseamos alguien dispuesto a la intimidad, disponible, abierto al compromiso; hay que ser una persona cálida, capaz de relajarse y compartir en intimidad, y confiable en sus acuerdos. Si deseas una pareja respetuosa; un gran principio es la auto confianza, la autoestima, sabernos suficiente, respetarnos a nosotros mismos, y hacernos respetar, con asertividad y límites claros y cordiales. Si te motiva una pareja que pueda expresar ternura, inicia por ser muy cariñoso contigo mismo, cálido, consentidor, que tu voz interior escuche tu corazón, y le hable con dulzura.

*La Ley del Amor* reúne a personas con un ideal común. Deben permanecer unidas independientemente de las fronteras nacionales, diferencias raciales, o prejuicios religiosos. Deben trabajar hacia un entendimiento internacional, hacia un espíritu de unidad. Es bajo esta Ley, de paz y buena voluntad, que las personas se unen en pareja, o en grupos de trabajo, a fin de aprender y crecer juntos.

> "
> Una persona con potencial de pareja romántica es alguien que a primera vista te atrae física y sexualmente. Y también resulta estar dispuesto a una intimidad respetuosa, constante, plena de ternura y cuidado.
> "
>
> *Ki Victorieux*

# XVII. CREAR MERECIMIENTO

*Yo Soy la Resurrección y la Vida*

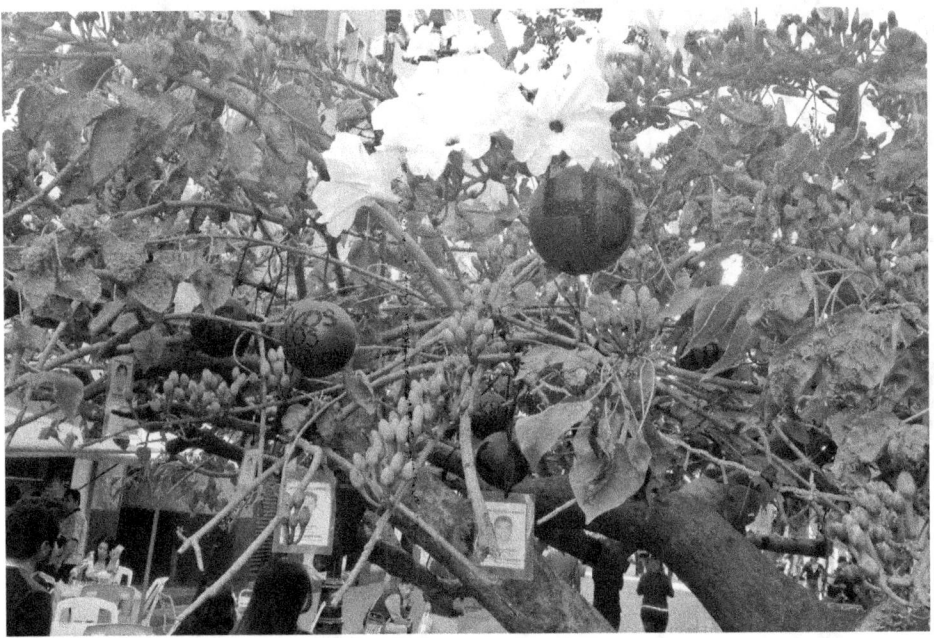

*Árbol In memoriam de los 43, Calle Regina, Ciudad de México, 2017.*

*El punto no es si tú tienes fe en Dios, en un Alma o en algo superior. El punto es que parece ser que esos seres, conciencias o como se llamen, tienen fe en que nosotros, humanitos; podemos evolucionar y ser felices.*

Dios es el *Principio de la Vida*, y cada ser humano es una parte consciente de ese *Principio de Vida, Amor y Poder. El Propósito del Uno* es que los seres manifiesten su potencial, sin embargo, al darles libre albedrío, los hombres pueden elegir olvidar su ser divino. La mente puede ser un obstáculo para la fe del individuo, pero no lo es para la existencia de Dios. Independientemente de la ignorancia o de la sabiduría de tu pensamiento, el universo existe.

A pesar de las caídas de la humanidad, los maestros espirituales como Jesús, han sido puente para que volvamos a casa. Cuando Jesús dijo: *"Yo Soy la Resurrección y la Vida"*, no se refería a él, sino a la magna presencia de Dios que habita en el interior de cada uno de nosotros. Recordar, reconocer ese poder interior nos hace de nuevo Uxno con el Padre.

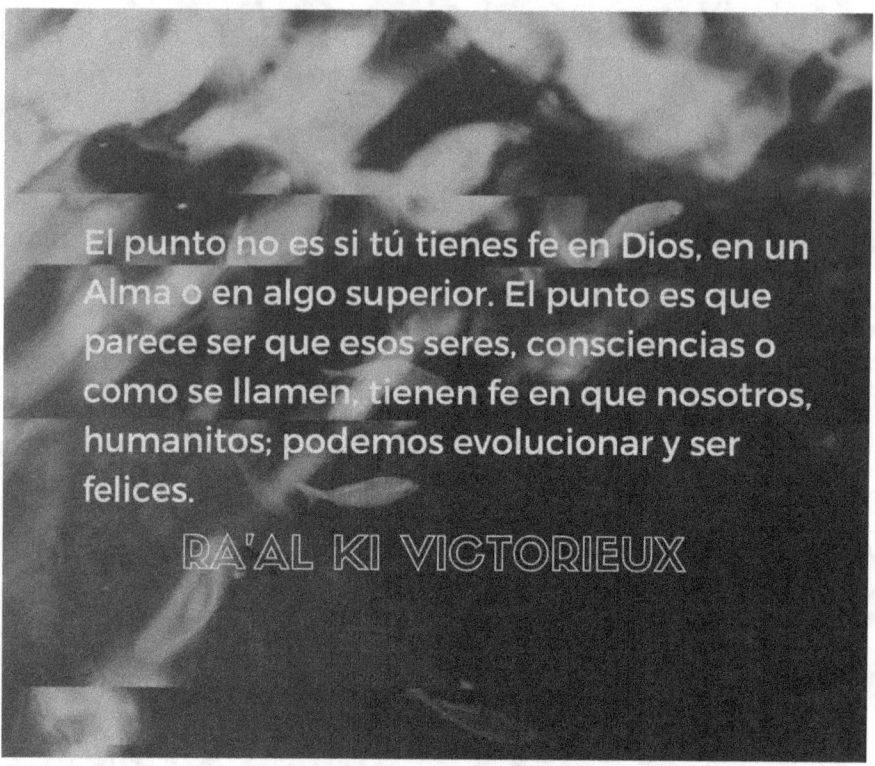

El punto no es si tú tienes fe en Dios, en un Alma o en algo superior. El punto es que parece ser que esos seres, consciencias o como se llamen, tienen fe en que nosotros, humanitos; podemos evolucionar y ser felices.

RA'AL KI VICTORIEUX

Master Choa Kok Sui afirma que *"Con base en la Ley de Correspondencia, la realidad que usted crea en su mundo interior, en el mundo de la energía, es kármicamente permisible. Por eso tiene el Principio de la Abundancia, o el Principio del Merecimiento Kármico."* Si utilizas un enfoque espiritual para cambiar tu pensamiento y emoción, cuando cambias tu mundo interior, cambias el mundo físico, y el exterior. Una persona que trabaja en su desarrollo espiritual, experimenta, a través del chakra de la corona, *Kether*, la expansión de la conciencia, la iluminación, el amor universal, la unión con el alma superior y la unión divina o con todo.

*Ser*

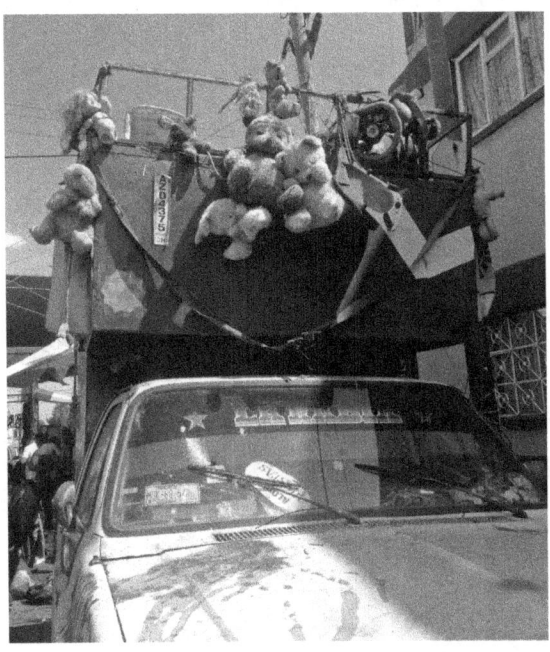

*Tianguis de la Lagunilla, Ciudad de México, 2017*

*Ojalá SER uno mismo fuera tan fácil como hacer un collage de lo que uno parece ser.*

*"Ser o no ser, esa es la cuestión. ¿Cuál es más digna acción del ánimo, sufrir los tiros penetrantes de la fortuna injusta, u oponer los brazos a este torrente de calamidades, y darlas fin con atrevida resistencia? Morir es dormir. ¿No más? ¿Y por un sueño, diremos, las aflicciones se acabaron y los dolores sin número, patrimonio de nuestra débil naturaleza?... Este es un término que deberíamos solicitar con ansia. Morir es dormir... y tal vez soñar. Sí, y ved aquí el grande obstáculo, porque el considerar que sueños podrán ocurrir en el silencio del sepulcro, cuando hayamos abandonado este despojo mortal, es razón harto poderosa para detenernos. Esta es la consideración que hace nuestra infelicidad tan larga.*

*¿Quién, si esto no fuese, aguantaría la lentitud de los tribunales, la insolencia de los empleados, las tropelías que recibe pacífico el mérito de los hombres más dignos, las angustias de un mal pagado amor, las injurias y quebrantos de la edad, la violencia de los tiranos, el desprecio de los soberbios? Cuando el que esto sufre, pudiera procurar su quietud con solo un puñal. ¿Quién podría tolerar tanta opresión, sudando, gimiendo bajo el peso de una vida molesta si no fuese que el temor de que existe alguna cosa más allá de la Muerte (aquel país desconocido de cuyos límites ningún caminante torna) nos embaraza en*

dudas y nos hace sufrir los males que nos cercan; antes que ir a buscar otros de que no tenemos seguro conocimiento? Esta previsión nos hace a todos cobardes, así la natural tintura del valor se debilita con los barnices pálidos de la prudencia, las empresas de mayor importancia por esta sola consideración mudan camino, no se ejecutan y se reducen a designios vanos. Pero... ¡la hermosa Ofelia! Graciosa niña, espero que mis defectos no serán olvidados en tus oraciones." William Shakespeare.

Ojalá SER uno mismo, fuera tan fácil como hacer un collage de lo que uno parece ser.

Ki Victorieux

Lo contrario a la fe es la duda, tal como observamos en la cita de *"Ser o no Ser"* de Shakespeare. Para que un hombre pueda alcanzar su plenitud, debe tener fe en sí mismo, y en el sistema en que habita. Para que una persona logre su potencial, combina diversas energías: Energía amorosa y sabiduría del alma superior. Energías del alma encarnada: Vital, Emocional y Mental. Con el uso consciente de la energía, se establece un ritmo de comunicación, influencia, entre la personalidad y el alma. En un principio, esto sucede ocasionalmente, y la frecuencia se incrementa con la práctica constante.

En el materialismo contemporáneo, la concepción más popular del ser se identifica con la *#Selfie.* Sin embargo, en una perspectiva espiritual, la reproducción de la imagen de uno mismo es un aspecto minoritario y no trascendente del ser. El Ser es trascendental; desborda y supera el mundo de las formas, el *Mundus Adspectabilis*, trasladándose *"más allá de la morfología cósmica"*. La persona se busca a sí mismo en su propia vida, a través de su conciencia. Este es el conocimiento que el sujeto tiene de sí, de sus actos y reflexiones, y la capacidad de verse y reconocerse a sí mismo en relación a cómo juzga ese reconocimiento.

# XIX. TRANSMUTAR LO CONTEMPORÁNEO

*No Son Las Caídas, Sino Las Veces Que Te Levantas, Lo*

*Que Construye La Victoria.*

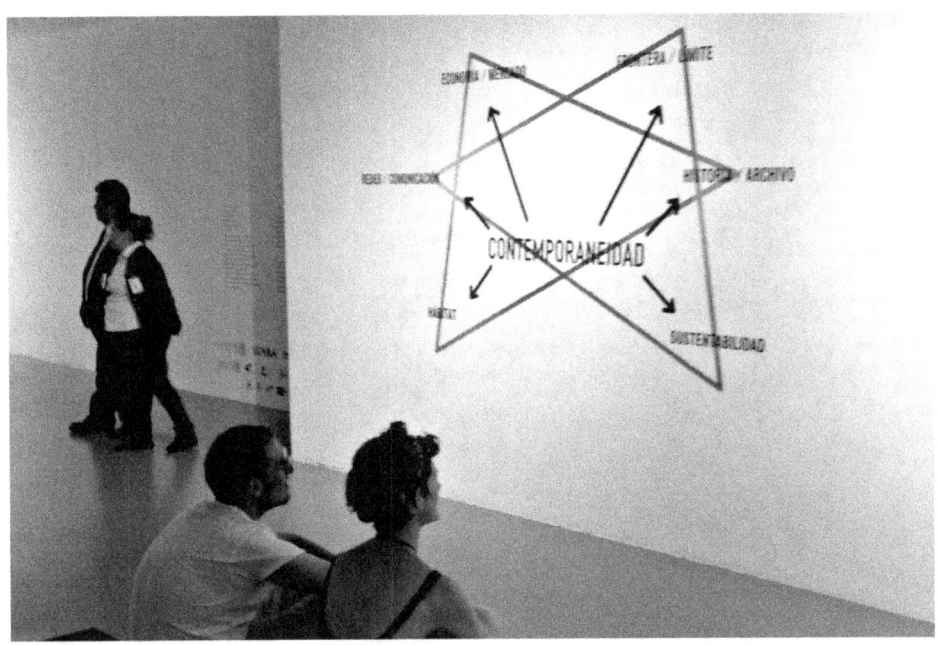

*Museo de Arte Carrillo Gil, México, 2017.*

*He vivido muchas veces para vivir ahora. Esto implica la victoria ante aquello que llaman muerte. Me he levantado muchas veces para levantarme ahora. Esto es la victoria ante aquello que llaman derrota. Me he alumbrado muchas veces, para verme ahora. Esto implica la renuncia a la ceguera o a la ignorancia por las razones que sean. Me he amado muchas veces, para amarme ahora. Esto quiere decir que he trascendido la autodestrucción y el desamor que me o se me haya dirigido. Me he respetado muchas veces, para respetarme ahora. Esto significa que he vencido la desconfianza, el abandono, la severa o insignificante crítica que abunda en cualquier esquina. He sido yo, para ser quien soy ahora, en este tiempo, con este nombre, con el nombre que se me de la gana, en cualquier tiempo, en cualquier lugar o dimensión.*

Todos experimentamos traspiés en el aprendizaje. En algún momento, la autora, en pro del arte del *performance*, escenificó y documentó la declaración de su muerte. Después se enfermó de gravedad, y gracias a buenos consejos médicos y su devoción a la Virgen María y otras entidades espirituales, aún logra contar esta historia, y agradecer que redirigió sus esfuerzos a ser más consciente y responsable de sus energías. A tener cuidado con lo que se pide o decreta.

He vivido muchas veces para vivir ahora. Esto implica la victoria ante aquello que llaman muerte. Me he levantado muchas veces para levantarme ahora. Esto es la victoria ante aquello que llaman derrota. Me he alumbrado muchas veces para verme ahora. Esto implica la renuncia a la ceguera o a la ignorancia por las razones que sean. Me he amado muchas veces, para amarme ahora. Esto quiere decir que he trascendido la auto-destrucción y el desamor que me o se me haya dirigido. Me he respetado muchas veces, para respetarme ahora. Esto significa que he vencido la desconfianza, el abandono, la severa o insignificante crítica que abunda en cualquier esquina. He sido yo, para ser quien soy ahora, en este tiempo, con este nombre, con el nombre que se me de la gana, en cualquier tiempo, en cualquier lugar, o dimensión.

**KI VICTORIEUX**

Dicen que la fortaleza se reconoce por las veces que uno se levanta frente a las crisis. A veces hay *"caídas horizontales"*: Las que ocurren cuando intentas avanzar, y por más esfuerzo parece que topas con pared 24/7. En este caso *"levantarse"* es conservar la esperanza, fluir, perseverar. Cada persona florece a su tiempo.

La victoria es agradable, y por ello cultivamos resiliencia frente a las ocasiones difíciles: Censura política o mediática. Indiferencia y soledad. Odio de un individuo o de ciertos grupos. Campañas de desprestigio; publicaciones para desacreditar o burlarse de nuestro trabajo. Resentimiento de *"amigos"* de los que nos alejamos porque roban nuestras herramientas u otras cosas, o de amantes que abandonamos por su deslealtad. Pobreza o desaliento. Obsesión y adicción. Impotencia ante la enfermedad o muerte de seres queridos. Confusión, ignorancia, acusaciones o demandas falsas, injusticia, *bullying*. Violencia de género o violación. Caos y desintegración en proyectos, etcétera.

No es negando las heridas que sanamos. Es necesario vernos de frente, purificar, rectificar, sanarnos con luz, amor y paciencia. Redibujar nuestras victorias: Menos fuegos artificiales o confrontación, y más realización interna de la unidad. Menos sistemas cerrados en sí mismos en búsqueda de una rígida perfección, y más ritmo y balance. Transmutar la frustración, para embellecer y aligerar el alma. Perdonar el fanatismo y comprender el esplendor de los sistemas.

# XX. GRANDEZA AMOROSA

*La Benigna Naturaleza del Corazón*

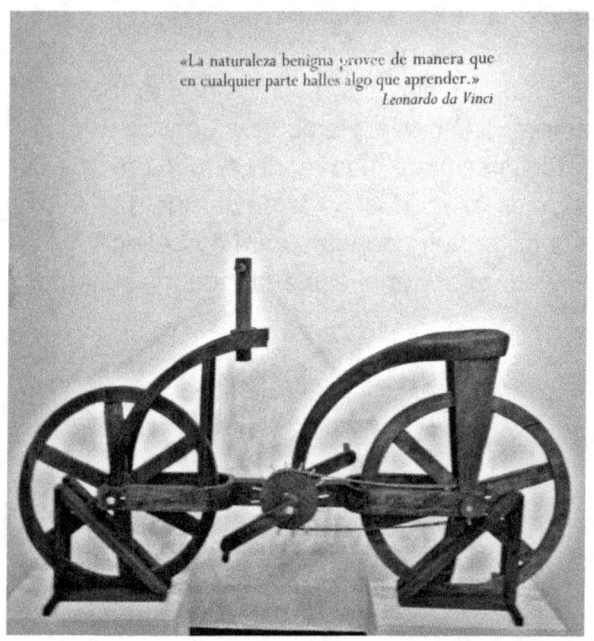

«La naturaleza benigna provee de manera que
en cualquier parte halles algo que aprender.»
Leonardo da Vinci

*Exposición Leonardo Da Vinci, Palacio de Minería, México, 2017.*

*Deberías saber que todas las personas, sin importar que fuertes parezcan, tienen un CORAZÓN que dice: FRÁGIL; maneje con CUIDADO.*

Doce pétalos en dorado y rojo claro, giran en nuestro chakra del corazón. Un corazón amoroso, en armonía con la auto estima, es la clave de la grandeza y abundancia. Un corazón empobrecido causa enfermedad o locura, histeria y caos.

Si tu corazón es sabio, está abierto a la empatía de reflexiones como: ¿de qué manera se siente la felicidad y el gozo divino?, ¿cuáles son las necesidades de las otras personas?, ¿cómo manifiesto mi afecto?, ¿qué siente la persona con la que estoy conversando?, ¿de qué manera puedo brindar una mano al desarrollo de mis prójimos?, ¿cómo cultivo la paz en mi vida?

Deberías saber que
todas las personas,
sin importan que
fuertes parezcan, tienen
un CORAZÓN que dice:
FRAGIL; maneje
con CUIDADO.

♥

# XXI. MILAGRO POÉTICO

*Florecer en la Rendición al Amor*

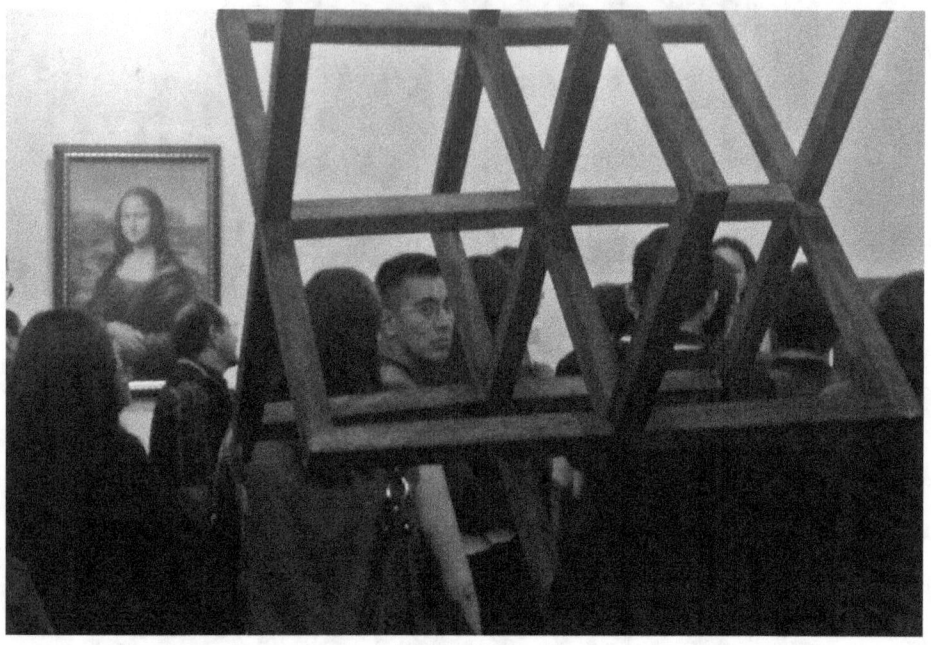

*Exposición Leonardo Da Vinci, Palacio de Minería, México, 2017.*

*Si crees o te identificas con un poema de amor, tu Corazón se activa, y has ganado. No depende del tiempo ni del espacio. El milagro ocurre cuando tu fe supera tu juicio.*

*"Y les daré un corazón nuevo, y un espíritu nuevo pondré dentro de ellos; y quitaré el corazón de piedra (un corazón endurecido sobrenaturalmente) de en medio de su carne, y les daré un corazón de carne (un corazón sensible que responde al toque de su Dios).*
*Ezequiel 11:19*

Todos los avatares, profetas, *imanes*, budas, sabios, iniciados y *bodhisattvas*, son grados y aspectos de la revelación divina y del despertar humano al amor.

La mayoría de los héroes de la autora son algo locos y poetas: El Quijote, El Principito, Dios… Ser loco es la única forma de pasar de la intelectualidad al conocimiento y la experiencia del amor. Llevar la conciencia del pequeño *manas* a la del *manas-budhi*. Expande tu ser; entra en trance. Déjate poseer por la locura original, sagrada, que está en ti, que eres tú, que soy yo, que somos todos, que es el universo en creación constante. No es necesario abandonar la conciencia; sólo hay que ser humilde y receptivo ante una conciencia mayor y transparente que perfuma nuestros latidos, el corazón de la Tierra, y el de todos los seres sintientes. Bienvenido a florecer en el milagro del amor.

Si crees o te identificas
con un poema de amor;
tu Corazón se activa,
y has ganado.
No depende del tiempo
ni del espacio.
El milagro ocurre cuando
tu fe supera tu juicio.

♥

Ki Victorieux

# GLOSARIO

## A

Aforismo: Frase o sentencia breve y doctrinal que se propone como regla en alguna ciencia o arte.

Albedrío: Libertad individual que requiere reflexión y elección consciente.

Alegría: Sentimiento de placer producido normalmente por un suceso favorable que suele manifestarse con un buen estado de ánimo, la satisfacción y la tendencia a la risa o la sonrisa.

Alquimia: Doctrina y estudio experimental de los fenómenos químicos que se desarrolló desde la antigüedad y a lo largo de la época medieval y que pretendía descubrir los elementos constitutivos del universo, la transmutación de los metales, el elixir de la vida, etc. La alquimia pretendía encontrar la piedra filosofal que convirtiese en oro todos los metales. De la rama más empírica de la alquimia nació la química.

Alma encarnada: Se parece a un cordón umbilical espiritual que trasciende los reinos, con un extremo conectado a la *Fuente Infinita,* y el otro ubicado dentro de nuestro ser espiritual y físico. Es el conducto por el que fluyen las *Sefirot.* El *alma encarnada*, el ser humano, es el comodín de la creación. En este reino, los seres humanos adoptan libre albedrío y conciencia. Cada persona tiene un equilibrio diferente de sabiduría o necedad.

Alma superior: Cuando una persona tiene una fuerte conexión espiritual con su *alma superior*, la persona es un todo o tiene integridad. Esto se manifiesta como una sensación de totalidad. Algunas personas tienen una conexión espiritual tan delgada como un cabello. En la medida que la persona practica y perfecciona las virtudes y desarrolla carácter, su conexión se hace mayor. En algunos líderes espirituales el cordón o raíz espiritual puede ser visto como un pilar de luz.

Amor y compasión: Las conexiones emocionales que vinculan a las personas a través de relaciones cálidas, empáticas y entregadas.

Árbol de la Vida: Los 11 nombres de Dios corresponden a las 11 Sefirot en el Árbol de la Vida. En la mitología china, una escultura de un *Árbol de la Vida* representa un fénix y un dragón; el dragón representa a menudo la inmortalidad. Una historia taoísta habla de un árbol que produce un melocotón cada tres mil años. El que come el fruto recibe la inmortalidad.

Asertividad: La asertividad consiste en conocer los propios derechos y defenderlos, respetando a los demás.

Autoestima: Cada persona tiene su propia belleza y propósito. Cada uno es un elemento indispensable de la creación, plenamente merecedor de vivir. Cuando las personas descubren y reconocen que *"son suficiente"*, y se sienten valiosas, importantes, interesantes, tienen autoestima.

Avatar: La manifestación corporal de una deidad. La palabra proviene del sánscrito *avatâra*, que significa *"descenso o encarnación de un dios"*.

# B

Basura psíquica: Formas de energía negativa que afectan nuestro entorno emocional y mental, como por ejemplo: Pensamientos de irritación, enojo, miedo. Pensamientos debilitantes, agresivos, snobs, racistas, obsesivos, violentos. Elementales negativos, energía de stress, etc.

Belleza: Todos buscamos bondad, aplomo, y gracia. Una belleza tanto interna como externa. La belleza se manifiesta en la compasión y fortaleza, en la armonía emocional. La belleza no se encuentra en las partes de una persona, sino en la suma total de ellas, y en la percepción del que contempla. Podemos encontrar belleza en el arte, en la naturaleza, en una persona con fe ante las adversidades, en la elegancia de las fórmulas y leyes científicas, etc.

Bondad amorosa: Un ejercicio para compartir la bondad amorosa es concentrarte en tus *chakras* del corazón y de la corona, y bendecir a los demás, proyectando luz líquida brillante en rosa y en dorado. Jesús decía: *"Bendice a tus enemigos"*, porque la bondad amorosa transmuta la energía negativa en positiva.

Bodhisattva: Alguien embarcado en el camino del Buda de manera significativa. Es un término compuesto: *bodhi ("supremo conocimiento",* iluminación) y *sattva* (ser). Así hace referencia a un ser embarcado en búsqueda de la suprema iluminación, no sólo en beneficio propio, sino en el de todos; se busca no solo la salvación individual, sino la colectiva.

Buda: (En sánscrito बुद्ध *buddha*). Es quien ha logrado un completo despertar o iluminación espiritual. Esto sucede tras transcender el deseo o ansia (*lobha*), la aversión (*dosha*) y la confusión (moha).

# C

Cábala (Lit. *"recibir o recepción"*). Cuerpo de enseñanzas místicas judías; relacionadas con la *Torah*.

Carácter: 1. En términos generales son los rasgos, cualidades o circunstancias que indican la naturaleza propia de una cosa o la manera de pensar y actuar de una persona o una colectividad, y por los que se distingue de las demás. La forma de expresarse o reaccionar. 2. Cuando la persona se decide a cultivar sus virtudes y disminuir sus vicios, *"construye carácter"*; es decir, es menos reactivo y más responsable de sus pensamientos, palabras y actos.

# CH

Chakra, Sefirot: Centros de energías espirituales, son la materia prima del Cosmos, son la base del mundo del tiempo y del espacio, de la energía y la materia. Forman los bloques de construcción de nuestra personalidad individual.

Aunque espirituales por naturaleza, en última instancia se convierten en mente y emociones.

Chi: Fuerza de la vida, energía vital que mueve a todo el organismo, incluyendo todas sus células. También se conoce como *prana*, o *ki*.

Chingones: Adjetivo coloquial en México, para referirse a alguien que es extremadamente bueno en algo.

# D

Decreto: Resolución o decisión que toma una persona o un organismo.

Dicha: Estado de ánimo de la persona que se siente plenamente satisfecha por gozar de lo que desea o por disfrutar de algo bueno.

# E

Equidad: 1. Cualidad que consiste en dar a cada uno lo que se merece en función de sus méritos o condiciones. 2. Cualidad que consiste en no favorecer en el trato a una persona perjudicando a otra.

Empatía: Participación afectiva de una persona en una realidad ajena a ella, generalmente en los sentimientos de otra persona.

Esperanza: 1. Confianza de lograr una cosa o de que se realice algo que se desea. 2. Cosa o persona que es objeto de esa confianza. 3. Virtud teologal del cristianismo que consiste en esperar la ayuda de Dios en este mundo y la gloria eterna tras la muerte.

# F

Fortaleza: Capacidad, virtud de resistir o sobrellevar sufrimientos o adversidades.

# G

Gozo: Alegría intensa y placentera causada por algo que gusta mucho.

# H

Haiku: Poema japonés de 17 sílabas que se erige a partir de tres versos de cinco, siete y cinco sílabas respectivamente. La poética del haiku generalmente se basa en el asombro y la emoción (哀れ) que produce en el poeta la contemplación ante la realidad (tradicionalmente en un espacio de pura naturaleza).

Híbrido: Que es producto de elementos de distinta naturaleza.

Holístico: Del todo o que considera algo como un todo.

# I

Inclusión: Actitud, tendencia o política de integrar a todas las personas en la sociedad, con el objetivo de que estas puedan participar y contribuir en ella y beneficiarse en este proceso. La palabra, como tal, proviene del latín *inclusio,inclusiōnis.*

Intento: Fuerza inmensurable e indescriptible que los guerreros del espíritu llaman *intento.* La describen como la forma de guiar intencionalmente la voluntad o la energía del alineamiento.

Integridad: Expresión sincera y plena de confianza. El dominio de las palabras, la conducta y el pensamiento, para que éstos se conviertan en la expresión de nuestra seguridad y verdad interior.

# K

Kether: Chakra de la corona. La más elevada de las *Sefirot,* se encuentra en la parte superior de la cabeza. Tiene pétalos dorados, y multicolores. Es el Centro de la Unidad.

Kundalini: En el marco del hinduismo, la *kundalini* es una energía representada por una serpiente -o un dragón-, que duerme enroscada en el *Muladhara* (el primero de los chakras o círculos energéticos, ubicado en la zona del perineo). Es considerada como la energía primordial o shakti que llega a desarrollarse en plenitud al reunirse en el *atma* (alma), con el *Brahman.*

# L

Ley del Karma: La Biblia afirma que lo que una persona siembra, es lo que cosecha. Esta frase resume la *Ley del Karma.* Si plantas un grano de arroz, tendrás una cosecha de arroz. Si plantas actos bondadosos, recibirás abundancia de cosas buenas. Si deliberadamente haces daño, esto se regresará a ti multiplicado.

# M

Multicultural: Que está compuesto de diversas culturas.
Multiculturalismo: Coexistencia de diferentes culturas en una sociedad o país.

# N

Niño interior: Concepto nacido de la *Terapia Gestalt.* Para la gestalt, el niño interior es la estructura psicológica más vulnerable y sensible de nuestro "yo". Se forma fundamentalmente a partir de las experiencias, tanto positivas como negativas, que tenemos durante los primeros años de la infancia.

# O

Orden: 1. Manera de estar colocadas las cosas o las personas en el espacio o de sucederse los hechos en el tiempo, según un determinado criterio o una determinada norma. 2. Situación o estado de normalidad o funcionamiento correcto de algo, en especial armonía en las relaciones humanas dentro de una colectividad.

# P

Parabrahman: En el Hinduismo el *Ser Supremo Universal* es llamado *Parabrahman. Shiva, Vishnu, y Brahma.*

Paz Interior: La fe con la cual vencer el miedo. La capacidad para obtener fuerza interior, integridad y serenidad.

Políglota: Que habla, o está escrito, en varias lenguas.

Pluralismo: 1. Hecho de coexistir una pluralidad de tendencias políticas, económicas o de otro tipo en el marco de una asociación, una comunidad o una sociedad. 2. Doctrina que, en oposición al monismo o al dualismo, afirma que hay múltiples, tal vez infinitos, tipos de realidad.

# R

Recuperación del alma: Técnica de sanación que combina *chamanismo* y psicología para explicar de qué manera el trauma causa que partes del alma dejen el cuerpo, y el proceso por el cual estos fragmentos pueden ser recuperados.

Rectificar: El término significa corregirse uno mismo, o a otro, por considerar que lo anterior mente hecho o dicho no es correcto. Sin embargo, para un desarrollo del espíritu, uno busca disminuir los juicios, es decir, evitar la culpa o la condena, y enfocarse en la creación, el cultivo de las palabras o actos correctos.

Renovación: Cuando una persona actúa para renovarse (verse como nueva), a sí misma, o a una cosa o proyecto. Restablecimiento o reanudación de una cosa que se había interrumpido.

Resiliencia: En psicología, capacidad que tiene una persona para superar circunstancias traumáticas como la muerte de un ser querido, un accidente, etc.

# S

Sabiduría: Para adquirir sabiduría una persona debe escuchar y aprender de grandes almas, quienes están más maduros espiritualmente. Debe ser receptivo y al mismo tiempo ejercitar discernimiento, no sólo con la facultad intelectual, sino también con la paz e intuición interior.

Seguridad: Ausencia de peligro o riesgo. Sensación de total confianza que se tiene en algo o alguien.

# T

Tao: Principio supremo e impersonal de orden y de unidad del universo, según el taoísmo. *"El tao es el fundamento de toda la existencia."*

Transdisciplina: Esquema de investigación o creación que incluye múltiples disciplinas que no se organizan jerárquicamente (como sí lo hacen en el caso de la *interdisciplina*) y que se enfoca en problemas compartidos y en la contribución activa de los participantes fuera del ámbito académico.

# U

Unión divina: Al despertar la energía *kundalini*, por la energía espiritual, eventualmente se manifiesta gozo, iluminación y unión divina.

# V

Victoria: Se relaciona con la energía vital. Sin poder ni energía vital, una persona no puede ser victoriosa ni exitosa.

Voluntad: Existen dos tipos de voluntad principales. Las masas están dominadas generalmente por una *voluntad emocional*. Las personas más desarrolladas trabajan una *voluntad mental*, inteligente, directriz.

# Y

Yeshúa: Nombre hebreo de Jesús de Nazaret, significa salvación.

# ÍNDICE ONOMÁSTICO

# ÍNDICE ANALÍTICO

# ACERCA DE LA AUTORA

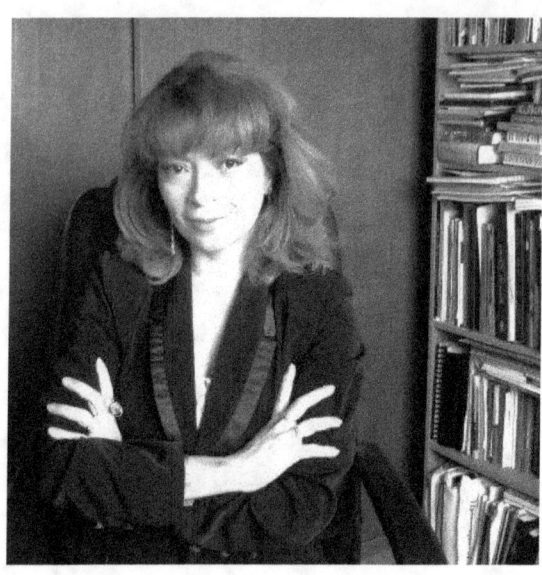

*Ra'al Ki Victorieux, México, 1971*

Es conocida también por sus seudónimos Iris Atma, Iris México, Iris Aggeler, y por los nombres de sus heterónimas; *álter egos* de performance. *Demiurga* Multidisciplinar: Profesional de la educación artística, promotora cultural, maestra espiritual, escritora, artista visual y cantautora. Fundadora del proyecto educativo y cultural: Atma Unum, fraternidad de conciencia creativa por el bien común.

Autora de más de una veintena de libros y cientos de artículos publicados, en arte, memoria y desarrollo personal y espiritual. Se ha dedicado a la educación, ha impartido conferencias, talleres y diplomados en teoría y práctica artística, de forma independiente y con varias universidades e instituciones culturales. Fue jurado y tutor del FONCA en el Programa de Apoyo a la Edición de Revistas Independientes 2012. Miembro de la Asociación Internacional de Críticos de Arte, AICA, 2006-9. Trabajó como Directora de la Casa de Cultura en Chiapas, 1997. En 1998 recibió la beca del Fondo Estatal para la Cultura y las Artes de Chiapas en el área de Investigación del Patrimonio Cultural.

Como artista visual, del performance y la música, es pionera en la exploración de las múltiples identidades en el performance y video arte. Realiza obra en dibujo, fotografía, grabado, pintura, arte objeto, escultura, instalación, performance, y video. Trabaja numerosos alter egos que actúan en ciertos contextos comunitarios a fin de incidir en la psicología social. Ha organizado y participado en exposiciones tanto individuales como colectivas en Brasil, Chile, Argentina, Colombia, Perú, Canadá, EEUU, Eslovaquia, España, Austria, Alemania y México. Recibió la beca de Jóvenes Creadores del FONCA, del 2001, en el área de pintura. Tiene varios álbumes publicados, en música, mantras y poesía sonora, se ha presentado en escenarios de la CDMX y varios estados de la República.

Victorieux manifiesta gran interés por los valores y derechos humanos, la conciencia, la espiritualidad, la transmutación energética a través del arte, y la trascendencia. En el área de la teoría del arte, ha desarrollado el Método Schneider para Cultivar la Conciencia en la Enseñanza Artística, que combina los conocimientos de historia, crítica y estética, con la conciencia de las energías a través de los símbolos y lenguajes espirituales de oriente y occidente. En la música, ha desarrollado el género de Rock Zen, en el que combina ritmos populares con mantras, poesía amorosa y mística.

Tiene estudios profesionales en educación artística por la Escuela Superior de Artes de Yucatán, 2011-3. También se capacitó en Procuración de Fondos, Procura, 2003-5, y en Gobierno y Administración Municipal, Fundación Colosio, 1996. Estudió en la Escuela Nacional de Pintura, Escultura y Grabado "La Esmeralda", del INBA, 1991-4, Moda, en Iconos, 2007. Cine, en INDIe, 2003. Música, en la Escuela de Música Mexicana, 2002-3. Ha cursado talleres en museografía, cómic, encáustica, diseño, arte conceptual, gestión cultural, arte teatral, dramaturgia, poesía, redacción, danza, y otros temas creativos. Se graduó en bachiller físico matemático.

Fundadora del proyecto Atma Unum, fraternidad de conciencia creativa por el bien común. Su objetivo es favorecer la trascendencia a través de la creación y educación en arte y cultura, desarrollo personal y justicia social.
atmaunum.com

# LIBROS ESCRITOS POR RA'AL KI VICTORIEUX

## COLECCIÓN DRUK, EDUCACIÓN ARTÍSTICA

Arte. Educación Artística; Teoría, Gestión Cultural y Psicología Social. 2019
@rte. Arte y la Red; Comunicación y Aprendizaje con Multimedios. 2019
Enseñanza. Historia y Valores en la Educación Artística. 2019

## COLECCIÓN HERMES, EDUCACIÓN Y ENTRETENIMIENTO

México Artes Visuales 1950-2000. 2021
Ilumina Mandalas. 2021
¡A Jugar! Corazón. Juego de Mesa para Imprimir y Aprender Inteligencia Emocinal. 2021

## COLECCIÓN LÓNG WÁNG, DESARROLLO PERSONAL

Radio. Reflexiones de Amor y Trascendencia. 2018
Si vis amari, ama. (Si quieres ser amado, ama). Inspiración para el Desarrollo Personal y Mejorar las Relaciones. 2018
Meditaciones y Poesía. Libro de Horas para Nutrir el Alma. 2020
Intenso Amor. Poema Epistolar para Meditar y Sanar las Emociones. 2020
Gracia. Bendiciones de Amor, Gracia y Trascendencia. 2021

## COLECCIÓN KUNDALINI, ARTES VISUALES

Semper Victrix. Arte de Protección Espiritual. 2020
Anima Mundi. Esplendor y Florecimiento en Artes Visuales
Quino. Humor Libertario. 2020
Pasión por México: Arte de Iris México por la Libertad. 2022

## COLECCIÓN DERK, PERFOFACTION

XIX. Esfinge Solar. Memorias de Vamp Iris Atma Ra: Mujer y Romance. 2019
VIII. Aikya. Memorias de "Spicy", Hmädi Iris México Valparaíso. Activismo en el Arte por la Libertad y la Unidad. 2020

## COLECCIÓN SHAKTI

Prensa en Español. Directorio de Medios de Comunicación. 2021.

## FIRMADO COMO IRIS MÉXICO

México, I. Un Tostón de Arte Mexicano. 1950 - 2000; Diez Lustros de Arte en México. Cenidiap. INBA. 2005

RADIO. Reflexiones de Amor y Trascendencia.
Segunda edición. México. 2020
Primera edición: 2018
Edición: Atma Unum

CULTIVA CONCIENCIA